JN333829

大平正芳の大復活

クリスチャン総理の緊急メッセージ

大川隆法

RYUHO OKAWA

まえがき

印象が少し薄くて、忘れられていた政治家ではある。戦後の数多い総理の中に埋《うず》もれてしまっているが、このクリスチャン総理の宗教的人格の影響が、この国にもう少し及《およ》んでいてもよかったのではないかと思う。

新約聖書の冒頭に出てくる「マタイによる福音書」は、「アブラハムの子であるダビデの子、イエス・キリストの系図。……」で始まる。救世主としてのイエスを歴史的にも正統性のある方として描く手法を採《と》る。そして最終章は、「さて、十一人の弟子たちはガリラヤに行って、イエスが彼らに行くように命じられた山に登った。そして、イエスに会って拝した。しかし、疑う者もいた。イエスは彼らに近づいてきて言われた、『わたしは、天においても地においても、いっさいの権威を授けられた。それゆえに、あなたがたは行って、すべての国民を弟子として、父と子と聖霊との名によって、彼らにバプテスマを施し、あなたがたに命じておいたいっさいのことを守るように教えよ。見よ、わたしは世の終りまで、いつもあなたがたと共にいるのである。』」と説く。

イエスの復活を信じ、クリスチャンの未来の使命を伝えた福音書のマタイが、大平元首相として、この日本の国に生まれていたとしたら。そして霊的に復活したとしたら、何を語るか。その答えが本書である。

二〇一三年　六月二十六日

幸福実現党総裁《こうふくじつげんとうそうさい》　大川隆法《おおかわりゅうほう》

大平正芳の大復活　目次

2 安倍政権への厳しい評価 29

第2章　哲人《てつじん》政治家が語る「過去と未来」

二〇一三年六月十四日　大平正芳の霊示
東京都・幸福の科学　教祖殿　大悟館にて

2

権力闘争《とうそう》の霊的背景　136

「霊言現象《れいげんげんしょう》」とは、あの世の霊存在の言葉を語り下ろす現象のことをいう。これは高度な悟《さと》りを開いた者に特有のものであり、「霊媒現象《れいばいげんしょう》」（トランス状態になって意識を失い、霊が一方的にしゃべる現象）とは異なる。

なお、「霊言」は、あくまでも霊人の意見であり、幸福の科学グループとしての見解と矛盾《むじゅん》する内容を含《ふく》む場合がある点、付記しておきたい。

第1章

安倍《あべ》自民党に苦言を呈《てい》す

二〇一三年六月十四日　大平正芳《おおひらまさよし》の霊示《れいじ》
東京都・幸福の科学 教祖殿《きょうそでん》 大悟館《たいごかん》にて

大平正芳《おおひらまさよし》（一九一〇～一九八〇）

日本の政治家。香川《かがわ》県生まれ。東京商科大学（現・一橋《ひとつばし》大学）卒業後、大蔵省（現・財務省）に入省。池田勇人《いけだはやと》蔵相の秘書官となった縁《えん》で政界入りし、一九五二年、衆議院議員に初当選。内閣官房《かんぼう》長官、外相、通産相、大蔵相を歴任。特に、田中《たなか》内閣では外相として、日中国交回復に力を尽《つ》くした。一九七八年、内閣総理大臣に就任したが、一九八〇年六月、選挙運動中に急逝《きゅうせい》。熱心なキリスト教徒であり、読書家でもあった。

質問者　※質問順

酒井太守《さかいたいしゅ》（幸福の科学宗務《しゅうむ》本部担当理事長特別補佐《ほさ》）

秦陽三《はたようぞう》（幸福の科学常務理事　兼《けん》宗務本部庶務《しょむ》局長）

［役職は収録時点のもの］

1　大平正芳《おおひらまさよし》元総理を招霊《しょうれい》する

曲がり角に来た日本の政治についてアドバイスを頂く

大川隆法　本日は、大平正芳《おおひらまさよし》元総理の霊《れい》をお呼び申し上げたいと思います。昭和五十五年に七十歳《さい》で亡《な》くなられて、かなり時間がたっているので、天上界《てんじょうかい》での生活にも慣れておられるのではないかと思います。下界での政界の様子もご覧になり、現在の、曲がり角に来た日本の政治や、国際社会のなかの日本のあり方について、いろいろとご心配なされているのではないでしょうか。

（合掌《がっしょう》し）それでは、大平正芳元首相の霊よ。

大平正芳元首相の霊よ。

どうか、幸福の科学　教祖殿《きょうそでん》　大悟館《たいごかん》に降りたまいて、われらに、幸福実現党や日本の政治についてのアドバイスを下さいますよう、心の底よりお願い申し上げます。
大平正芳氏の霊よ。
大平正芳氏の霊よ。

（約二十秒間の沈黙《ちんもく》）

大平正芳　ああ、ああ……。
酒井　大平正芳元首相でございますか。
大平正芳　ううーん。ああ、うん。
酒井　このたびは、お呼びするのが遅《おそ》くなりまして、申し訳ございません。

大平正芳　ああ、あのねえ、中曽根《なかそね》さんより先輩《せんぱい》なのよ（約一週間前に同氏の守護《しゅご》霊霊言《れいれいげん》を収録。『中曽根康弘《やすひろ》元総理・最後のご奉公《ほうこう》』〔幸福実現党刊〕参照）。

酒井　そうでございますね。

大平正芳　うんうん。私が先に総理をしたの。君たちは、何か、ああ、わしを、あんまり知らんのだなあ。

酒井　大平元首相は、キリスト教徒であられますので、「非常に、愛深き、寛容《かんよう》な方だ」ということで、多少、甘《あま》えてしまいました。

「大平正芳の教え」を収録すれば、大勝利への道が開ける?

大平正芳　君たち、選挙があるんだろう?　この選挙で、党が続くか、消滅《しょうめつ》するか、瀬戸際《せとぎわ》作戦なんだろう?

もうちょっと、よう考えたほうがいいんじゃないかなあ。選挙というのはなあ、トップが死ぬこともあるぐらい大変な戦《いくさ》なんだからさあ。

酒井　そうでございますね。

大平正芳　〝無駄《むだ》な弾《たま》〟は撃《う》ったらいかんね。徳島なんか行かないで、土日に、しっかりと、「大平正芳の教え」を録《と》れば、選挙の、あるいは、政治の要諦《ようてい》というのがつかめて、今後の大勝利への道が、ああ、うう、開《ひら》けていくことになるわけだなあ（注。本霊言収録の翌々日〔六月十六日〕、幸福の科学の「聖地・四国正心館《しょうしんかん》」

〔徳島県〕にて、法話《ほうわ》「神仏の心の実現」を行った）。

酒井　そうしますと、土曜日・日曜日は、霊言を録ったほうがいいわけですか。

大平正芳　徳島なんぞ、何回も行っておるではないか。なあ。香川《かがわ》（出身地）っていうんなら話は違《ちが》う。

酒井　香川は違う？

大平正芳　「香川へ行く」っていうなら、話は違うわなあ。それは、まあ、行ってもええと思うが、君たちは、徳島の鳴門《なると》に何回行ったら気が済むんだね。

酒井　徳島は、幸福の科学にとって、「聖地」なのです。

大平正芳　「聖地」って言ったって、そんなものは、人間がつくったもんであってて……。

酒井　大川総裁は、香川でも、一度、街宣をされましたよ。

大平正芳　ええ？　あんな駅前の暑い所で、ちょこっとやったようだが、あんなんでは駄目じゃない？

酒井　駄目なのですか。

大平正芳　あれ、二百人ぐらいしか、いなかったじゃないか。
香川に講演会場を早く借りなさい。そうしたら、わしが指導霊で講演してやるから。うーん。

酒井　はあ。

大平元首相が推薦《すいせん》することのメリット

酒井　以前の霊言で、佐藤誠三郎《さとうせいざぶろう》教授より、「大平元首相と中曽根元首相（守護霊）を、お呼びしたらいいのではないか」というアドバイスを頂いておりまして（『スピリチュアル政治学要論』〔幸福の科学出版刊〕参照）。

大平正芳　そらあ、正しいや。日本には、クリスチャンが（国民の）一パーセントいるが、クリスチャンは、みんな、票を入れるところが分からんのだなあ。

だから、わしが（幸福実現党を）推薦《すいせん》したら、まあ、票を入れんやつもおるし、子供もおるから、全部とは言わんが、五十万票は乗るなあ。

酒井　そうでございますか。

大平正芳　うん。五十万票は、今の君たちには大きい票だよなあ。ほかの人も推薦しようとしてるんだろうけども、わしが推薦すれば、「自民党票の一部」も来るし、「クリスチャンの票」も来るし、宗教政治家っていうことへの正統性が立つんだなあ。

生まれ変わりを信じないクリスチャンのために「復活」をした

酒井　ただ、クリスチャンは、生まれ変わりをあまり信じていないのではないでしょうか。

大平正芳　だから、復活してんねん。〝肉体〟で復活して……。

酒井　復活？

大平正芳　復活してるんや。これは、いいんだよ。〝墓穴《はかあな》に三日ほど寝《ね》とった〟が、今、復活したんだよ。

「大平正芳の大復活――二十一世紀のメシア（救世主）へ――」。ああ、ええ題じゃろう？　これなら売れる。

酒井　大平元首相はメシアになられたわけですか。

大平正芳　「宗教家であり、政治家である」ということにおいては、キリスト教的に言えば、わしがメシアにならねばならん。復活すれば、メシアということになる。

物事を深く考え、「珠玉《しゅぎょく》のような言葉」を綴《つづ》ることが大事

酒井　たいへん失礼な言い方なのですが、大平元首相は、生前、「ああ」とか、「うう」とかいう言葉が多くて、内容が、なかなか有権者に伝わりにくかったのですが……。

大平正芳　ああ、それは……。

酒井　ただ、「その『ああ』とか『うう』とかいう言葉を、全部、除いてみると、非常にしっかりとした論理的な文章が構成されていて、そのまま書き言葉にでき、本にもなるぐらいであった。それほど理性的な方であった」と聞いております。

大平正芳　君は、早《はよ》うしゃべるなあ。

酒井　（笑）

大平正芳　もうちょっと、ゆっくりせんかい。

酒井　ゆっくり話すことが大切なのですね。

大平正芳　ああ。やっぱりなあ、物事は深く考えなあかんのや。急《せ》いては事をし損じるでなあ。

酒井　分かりました。

大平正芳　深い深い、珠玉《しゅぎょく》のような言葉を綴《つづ》ることが大事であるんだなあ。無駄なことをしゃべる必要は、一切《いっさい》ないんだ。

2 安倍《あべ》政権への厳しい評価

安倍《あべ》首相には「突如《とつじょ》復活したこと」に対する説明義務がある

酒井　それでは、まず第一に、大平元首相が、現在の政治をご覧になっていて、「これだけは言っておきたい」と思われることは何でしょうか。

大平正芳　うーん……。ああ、うう、それはだなあ。うーん……。まあ、安倍《あべ》君がだなあ、総理を二回目やっておるけども、君たち、誤解したらいかんのじゃないかなあ。

酒井　誤解ですか。

大平正芳　うーん。誤解しとるわ。君たちも、他の政治家も、自民党も、マスコミも誤解しとる。これはな、「苦肉の策」なんだよ。本来、こういうことは、あってはならんことなんだよ。

（安倍首相は）最初、一年ほどで政権を投げ出した。無責任にも、体調不良を理由に、国家の宰相《さいしょう》として、最も惨《みじ》めな辞《や》め方をした男だろう？

わしのように、「死んだ」というなら、しょうがない。それは、働けんでもしょうがないだろう？

酒井　はい。

大平正芳　だが、彼は、あの若さで投げ出した。岸《きし》（信介《のぶすけ》）と佐藤《さとう》（栄作《えいさく》）の〝孫〟だというだけで、五十そこそこで総理になったが、実際には、空《から》人気で、準備ができとらんで、批判に耐《た》えられずに投げ出したんだよなあ。それが、体調の異変にも現れておったわけであって、決して、ウイルスにやられて総理の座を投げ出したんではなくて、投げ出したいから、お腹《なか》が壊《こわ》れたんだ。

酒井　なるほど。

大平正芳　それは、人間ができとらんからや。
それが、なぜか、突如《とつじょ》復活して、二度目の総理に乗り出した。これは、まことに不思議なことで、誰《だれ》か、これを分かるように説明してくれたのかな？
君らは、誰かから、分かるような説明を受けたか。

酒井　受けていません。あの自民党総裁選（二〇一二年）を見るかぎりでは、石破《いしば》さんのほうが、最初、得票は多かったですね。

大平正芳　なあ？　党員票では、石破君が一位だったんだろう？　民意から言えば、どう見ても石破君だよなあ。

酒井　はい。

大平正芳　石破君にせないかんところを、国会議員の多数派工作で、安倍が総理になった。

それは、どうせ、安倍を総理にするために仕組んだやつがおるんだろう。民意に反してなあ。

だが、民意に反して総理になったら、今度は、高い支持率が半年ほど出ておる。

酒井　うーん。

大平正芳　これには、やはり、説明が要《い》るわなあ。ただ「お腹を壊したのが治りました」だけでは、わしは済まんと思うなあ。そんなはずはないわ。人間が、そんな急に変わるはずはないわのう。だから、安倍君は、もうちょっと正直に話をせないかんのでないかのう。このままで行ったら、いずれ遠からず、前と同じような、「政権投げ出しの時」が近づいているな。

酒井　そうなのですね。「安倍《あべ》人気」で勝ち逃《に》げしようとしている自民党。

大平正芳　それ（安倍《あべ》首相の復活）を説明できとらんが、「結果オーライ」ということで、やっておるだけだろ？

まあ、いわば、「参院選で勝つためだけの総理」で、そのためのムードづくりだけを半年やっていて、金を湯水のごとく垂れ流し、日本中を日銀券の〝大洪水《こうずい》〟で溢《あふ》れさせとるわけや。

これの後始末は、いったい誰がするんかね？　自民党の誰が後始末をするのよ。民主党は、それをしようとして、すでに失敗したんだ。

この後始末は、誰がするんだ？　それを、ちゃんと説明してほしいね。できんのだったら、それは、よう考えないかんのと違《ちが》うかなあ。

酒井　なるほど。

大平正芳　うーん。だから、今、ああ、そのー、参院選が近いんだろうが、（自民党は）経済政策で好景気をつくってだなあ、その勢いに乗じて、あわよくば三分の二の与党《よとう》の議席を取ってだなあ、「経済政策一本で勝って、憲法改正まで持っていこう」と思うておるんだろう。だが、実際には、もう包囲網《ほういもう》が敷《し》かれつつあるわなあ。

参院選はねえ、夏の暑いときの、長い戦いなんだ。ここになあ、〝地雷《じらい》〟がいっぱい埋《う》まっておる。〝安倍殺しの地雷〟がいっぱい埋まっとるのが見えるなあ。

酒井　大平元首相は、「安倍さんは、辞めたほうがいい」と思っておられるのですか。

大平正芳　だから、「二回目、登場する」というのはさあ、自民党ではないからね。自由党では吉田茂《よしだしげる》が二回目の登板をしたことはあるし、戦前にも、あったかもしらんけど、戦後、何十年もなかったことをやった。これを政権党は説明する義務があると思う。

何で、石破や、ほかの者では駄目《だめ》なのか。これを説明する義務があるわなあ。

安倍は、もう、一回使って、捨てた人間だろ?

酒井　はい。

大平正芳　これを、もう一回、使おうとしてるんだろ?　それで、人気だけ取って、勝ち逃《に》げしようとしてるんだろ?　そのあとに来る者を予想して、これを捨てるつもりでおるんだろ?

酒井　安倍さんは捨てられる?

大平正芳　うーん。捨てるつもりだと思う。一回、勝てたら、もう、それでいい。これは、今、得意の「あれ」だよ。君、今は、お腹を温めるやつがあるじゃないか。わしらのころにはなかった、そのー……。

秦　使い捨てカイロですか。

大平正芳　そうそうそう。安倍は、〝使い捨てカイロ〟やわ。

参院選後には、「バラマキの責任」を追及《ついきゅう》されるだろう

大平正芳　だから、参院選の結果にもよるだろうけど、まあ、最低ラインは、「勝ち越《こ》し」だろうな。ただ、勝ち越しだけでは、もう憲法のところに届かなくなるわなあ。

そうしたら、次は、景気対策で金を撒《ま》きまくった責任を追及《ついきゅう》されることになる。

酒井　それは、自民党がということですか。あるいは、次の総理大臣をどうするかということですか。

大平正芳　ああ、できると思うか？

酒井　まあ、議席によりけりですよね。

大平正芳　安倍がやったのを、みんな賛成してやっとって、それに、どう始末をつけるんだい？

酒井　では、大平元首相の予測によると、「自民党は、もうおしまい」というわけですか。

大平正芳　何のことはない。「アベノミクス」とか言うて、ええ格好をし、「ものすごく珍《めずら》しい戦略があった」と、金貨でも埋まっとったかのように言ってやなあ、

「岸・佐藤の〝血脈〟を引く者の庭を掘《ほ》ったら、壺《つぼ》が出てきた。そういう秘伝が出てきた」と、まあ、こんな感じで、やり始めておるが、「このオチは、古い自民党のバラマキ政治と何が違うのか」ということを、次は突《つ》きつけられることになるわな。

安倍《あべ》政権の〝落ち穂《ぼ》拾い〟をするのなら、「幸福実現党を推薦《すいせん》する」

酒井　そうしますと、大平元首相は、「財政再建のほうを、もっと重視しなさい」というお考えでしょうか。

大平正芳　だけど、今のジャブジャブ路線にはさあ、たぶん、見通しがないと思うよ。

酒井　ジャブジャブ路線と言っても、幸福実現党の意見も入っているのですが……。

大平正芳　え？　幸福実現党はさあ、百年後のことを言うとるんやろう？　だから……。

酒井　先ほど、大平元首相は、「自分が出れば、五十万人の票が、幸福実現党に集まってくる」とおっしゃったのですけれども……。

大平正芳　そうだなあ。だけど、（幸福実現党は）政党といっても、まだ、ほんまに、〝ヒヨコ〟だからなあ。

酒井　では、大平元首相が推薦《すいせん》してくださっても、幸福実現党に、五十万人の票は集まらないですか。

大平正芳　うーん。まあ、君らの言い方によっては、推薦しようと思うとる。

酒井　ああ、言い方ですか。

大平正芳　うん。言い方によってはなあ。だから、君らが、「安倍《あべ》のあとの〝落ち穂拾《ぼ》い〟を、ちゃんとやる」って言うんやったら、推薦する気はあるし、自民党支持層や自民党議員にも、それなりのメッセージは伝えたい。

酒井　なるほど。

アベノミクスを歴史に遺《のこ》そうと「独裁」を始めた安倍《あべ》首相

酒井　今、この政界のなかで、大平元首相から見て、正論を言っているところは、どこになりますか。

大平正芳　うーん……。安倍《あべ》はなあ、かなり「独裁」を始めたよ。

酒井　独裁？

大平正芳　うん。そうとうなあ。だから、日銀総裁のクビを切り、財務省の主要なやつのクビを切って、自分の言うことをきかんやつは、全員、〝皆殺《みなごろ》し〟や。

それで、アベノミクスなるものを、「歴史に遺《のこ》してやろう」と思うて、さらに一石二鳥《いっせきにちょう》で憲法改正までやってのけようとしてるけども、それだけのなあ、〝芸人〟ではないんだわのう。彼には、ほんとは、それほどの技《わざ》がないからね。策士が十分ついておれば別やけども、頭のええ人がついておらんでなあ。

酒井　なるほど。

大平正芳　今は、いいよ。今はいいけど、〝洪水〟のあとは大変だよ。だから、もう一回、反動が来るんでないかのう。

君らは、〝アベノミクスの大洪水〟のあと、軌道《きどう》を修正しながら、引っ張っていけるだけのものを描けるのかなあ。

安倍《あべ》首相は「日本の難局を打開できる器《うつわ》」か

酒井　安倍《あべ》政権は、今、「成長戦略」を出していますが、「期待したほどではなかった」という声が多いですね。

大平正芳　うーん。安倍には、もともと株なんか分かってはおらんのだよ。分かってはおらんのさ。

君らはなあ、何年か運動をして、世論《せろん》づくりもし、敵とも戦ったが、報道もされなかった。
その「ええところ」だけを取って、自分のオリジナルのように見せているが、これは、少なくともだなあ、一国の宰相たる者の道ではないわのう。
だから、岸・佐藤とは、明らかに能力の差があるんだよ。
育ちがええから、「ほかの人がお膳立《ぜんだ》てしてくれて当然」みたいなところが、この人にはあってな。その意味では、鳩山《はとやま》と変わらんよ。

酒井　なるほど。

大平正芳　変わりまへんな。

酒井　大平元首相は、どうすれば、この難局を打開できると思われますか。

大平正芳　だからさ、金を使うんでも、まだ角《かく》さんは……。ああ、「角さん」って分かるかなあ。「助《すけ》さん、格《かく》さん」じゃなくて、田中角《たなかかく》さん（田中角栄《かくえい》）だ。

酒井　ええ、分かります。

大平正芳　角さんは、まだ、「日本列島全体を改造する」という明確な目標を持ってやったけども、インフレを起こしてしもうてな。物不足まで起こしてしもうてな、あっという間に、〝火だるま〟になってしまった。運悪く、ちょうど石油危機（オイルショック）も来てしまったしな。

彼（安倍首相）を、「『経済発展』と、『国防』で中国と軍事的対決までさせるだけの器《うつわ》だ」と思うたら、それは間違いですなあ。

酒井　間違いだと？

大平正芳　ああ。「それだけの力はない」と見切らないと駄目や。
「参院選に勝てるまで」という〝短距離走《たんきょりそう》〟だと、あとがきつい

酒井　それだけの器の持ち主は、今の自民党にいますか。

大平正芳　いやあ、今のところ、いないなあ。
だから、いないなら、いないなりの構想を立てなあかん。

酒井　その構想を誰が立てられるでしょうか。

大平正芳　うーん？　まあ、自民党が政権を取ったのは、何て言うのかなあ、うーん……、ポテンヒットみたいなもんだよ。

酒井　「偶然《ぐうぜん》に近い」と？

大平正芳　ああ。ポトンと〝守備〟の中間に落ちたよな。

酒井　「棚《たな》からぼた餅《もち》政権」ですね。

大平正芳　ああ。これは、「棚ぼた政権」だよ。「アベノミクス」じゃなくて、「棚ぼた政権」だと思う。

酒井　なるほど。

大平正芳　僕《ぼく》はねえ、マスコミも含《ふく》めてな、安倍さんも含めて、ちょっと謙虚《けんきょ》になったほうがええと思うわ。

酒井　では、今のやり方に対して、かなり、ご不満があるわけですね？

大平正芳　そらあ、こんなもんねえ、要するに、もっと彼らに考える知恵《ちえ》があればいいよ。新しい、私たちが考えられないようなところまで見えてて、やってるのなら、別に、いいよ。

ただ、目先のところで、「参院選に勝てるまで」という、〝短距離走《たんきょりそう》〟だけでやってるところがな。

酒井　それがいけないのですね。

大平正芳　このあとが、やっぱり、きついだろうなあ。

「国民を騙《だま》して参院選に勝たせる」という裏約束が存在する？

酒井　大平元首相には、「一般《いっぱん》消費税導入」を掲《かか》げて、惨敗《ざんぱい》した選挙もありましたけれども……。

大平正芳　うーん。

酒井　今、自民党は、消費税の問題についても、はっきり言わなくなってきているのですが、これに関しては、どうしたらいいと思われますか。

大平正芳　消費税を上げようと思うたら、株価が下がってきとるんやろ？　うーん。みんな分かっとるわいな。

酒井　消費税は上げるべきでしょうか。

大平正芳　まあ、だから、「この第二クォーターの、四月から六月の結果を見て、秋以降に、来年の四月上げを決める」っていうんやろ？

そうしたら、六月に、株価がドサッと下がったりしとるわなあ。グワッ！　ハッハッ！（咳込《せきこ》む）。

酒井　大丈夫《だいじょうぶ》ですか。

大平正芳　ああ……。

これはなあ、今、クォーターの三カ月ごとでなあ、企業《きぎょう》が「益出《えきだ》し」をしとるのよ。

つまり、株価が上がった株を売りさばいて、利益出しをしてんのや。株で、だいぶ損しとったから、その益出しとして、株を売ってるために、今、株価が下がっとるんだけども、たぶん、安倍には、その知識すらないだろう。「なぜ株価が下がったか」が分からないで、ただただ、もっとジャブジャブにしようとしとると思うなあ。だから、次は、「財政出動」だ。

昨日（六月十三日）、財務省の事務次官、官房長《かんぼう》、主計局長を、みんな若返らせてなあ、自分より年下のやつで、全部、並べた。民主党にお仕えしとったやつを、みんな、はじき飛ばし、言うことをきかしたろうとして、やっとる。次は、「財政出動」だ。

これは、たぶん、票を取るためだけの、やり逃げになるだろうな。

酒井　要するに、「参院選の前まで、とにかく景気がよければいい」という短期的な視点で……。

大平正芳　票が取れればね。国民を騙《だま》す気でいるからな。

酒井　そこまで……。

大平正芳　騙す気だよ。

酒井　けっこう腹黒いんですね。

大平正芳　うん。騙す気でおるからさ。

二回目の、「復活」なんて、ありえないことだけども、要するに、「国民を半年騙して、参院選にボロ勝ちさせる」ということが、これ（安倍首相復活）の「裏の約束」やからな。その後《ご》の国のあり方については、残念ながら、それほど考えておらんな。

酒井　そうすると、「もし、自民党政権が勝ったとしても、国難は、さらに続いていく」ということになりますね。

大平正芳　うーん。まずは経済でやろうとしてるけど、おそらく、その「アベノミクスの次」が分からんはずだ。

酒井　分からない？

大平正芳　たぶん、分からない。この人には分からない。

秦　では、安倍政権が出している「成長戦略」も、やはり……。

大平正芳　自分がいなくなることを織り込み済みで言うとる。

秦　ああ、やるつもりはないのですか。

大平正芳　「誰かがやってくれ」と言ってるんや。角さんほどの断行力もないだろ?　その成長戦略も、そこまで、はっきり、明確に、具体的なものを出せるんなら、また違うが、具体的なものは、ないわなあ。

「今の政権は嘘《うそ》でできている」との指摘《してき》

秦　先ほど、「首相もマスコミも謙虚になったほうがいい」とおっしゃっていましたが、これは、どういう意味でしょうか。

大平正芳　だってさあ、正直に伝えてないじゃないか。

私が言うのも変やけど、今回、(自民党は) ほとんど幸福実現党の政策をパクって、政権を取ったんだろ?

つまり、マスコミが報道しないことによって、幸福実現党の政策は「ない」のと一緒《いっしょ》になったわけよ。もし報道されてれば、それをパクったのが分かるじゃないか。な? だが、報道されなきゃ、「ない」のと一緒や。

そして、口裏を合わせたように、独自でやったように見せてる。どっかの隠居《いんきょ》の学者を呼んできたり、元官僚《かんりょう》の知恵だったり、自分でノートをつくって書いたりしたような嘘八百《うそはっぴゃく》を言うて、やっとるわなあ。

だから、もうちょっと正直に言ったほうがええんじゃないかなあ。

秦　「幸福実現党の言っているとおりになっている」ということを、マスコミも知っているのに、それに口をつぐんでいるわけですね?

大平正芳　うん。だから、ほんとは、マスコミも腹を切らないかん。

酒井　なるほど。

大平正芳　だから、民主党政権の時代の責任もあるし、安倍政権誕生に関しても腹を切らないかん。少なくとも、公明正大《こうめいせいだい》でないわな。

酒井　「嘘がある」ということですね？

大平正芳　完全に嘘だよ。

酒井　大平元首相が、まず、おっしゃりたいことは、「今の政権には嘘がある」ということですね。

大平正芳　「嘘でできてる」と言ってる。

酒井　「このあとはないぞ」と？

大平正芳　あとがない。これは、あとの修復が大変だよ。

酒井　要するに、選挙に勝つだけの政権であって、そのあとのツケを回されたら、政治家だけではなく、国民も大変になるわけですね。

憲法九十六条を「改正」することの危険性

大平正芳　これで、万が一《いつ》、「二分の一」（過半数）で憲法を改正できるようになり、次に、自分らがまた下野《げや》して、ほかのところが政権を取ったら、どうするつもりでいるんだよ。ええ？

酒井　「民主党が政権を取ったら、大変なことになる」ということですね？

大平正芳　うん。反対になることだってあるんだよ。正反対になることがあるよ、けっこうな。

これは、もう、まったく予想外の憲法改正が「二分の一」で提案されても、マスコミが煽《あお》れば通ってしまう。

酒井　やはり、幸福実現党が言っているように、幹のところだけはガッチリと固めて、あとの部分は、法律で変えられるようにし……。

大平正芳　うん。「総議員の三分の二以上の賛成が要る」ということは、マスコミに対する防波堤《ぼうはてい》にもなってるわけで、マスコミが何と言おうとも、三分の二以上の国会議員が、それに賛成しなければ、改憲できんわけよ。マスコミは、自分らの都合《つごう》のいいように改憲したいだろうけど、それもできんわけだからね。

ただ、今、「二分の一」で改憲できるようになれば、選挙のたびに勝った者は、当然、(改憲に）着手できるけども、国民投票をやったら、どうせ、投票率は五十パーセントもあればいいほうだから、二十五パーセントを超《こ》える賛成があれば、憲法改正ができるようになるわなあ。つまり、国民の四分の一超《ちょう》の賛成で、憲法改正が可能になる。

だから、もし、今、政権を持ってる自民党でない人たちのほうに政権が渡《わた》ったときは、どうするのかな。一年ごとに首相が替《か》わってる状況《じょうきょう》で、どうなるのかな。このところは、やはり、非常に大きな問題として言えると思うなあ。

酒井　なるほど。安倍政権が、ストレートに憲法九条の改正に行かないのは、やはり、作戦なのでしょうか。

大平正芳　うーん。まあ、それで騙せると思うたんだと思うわ。「国民もマスコミも騙せる」と思うたんやろ。

3　中国・北朝鮮《きたちょうせん》への一手
台湾《たいわん》を国として認め、「中国は中華民国《ちゅうかみんこく》のもの」と言うべきだ

酒井　今は、経済の話が中心でしたが、外交に関して、中国、北朝鮮《きたちょうせん》等に対しては、どう思われますか。

大平正芳　うーん。そらあ、中国との関係がこじれてきとるがなあ。

酒井　はい。

大平正芳　とても難しい関係ではあると思うし、いやあ、この舵取《かじと》りのリーダーは

とっても大変だなあ。

酒井　大平元首相は、当時、台湾《たいわん》との平和条約を解消し、「殺されるかもしれない」という気持ちも持ちながら、日中国交正常化を実現されたわけですけれども、あのときと、かなり環境《かんきょう》が変わってきています。

大平正芳　ああ、安倍《あべ》君の主張を通すんやったらねえ、台湾を国家として、もう一回、承認《しょうにん》したらいいんだよ。

酒井　なるほど。大平元首相は、「今の環境においては、台湾と平和条約を再び結んだほうがよい」とお考えなのですね？

大平正芳　うん。（台湾との）国交を回復して、認めたらいいのさ。

（中国は）ああやって、日本の商店を焼き討《う》ちし、アメリカまで行って、日本の領土を「自分の領土だ」と堂々と発表してきている。これには、何らかの〝パンチ〟が要《い》るわな。

酒井　〝パンチ〟が要ると？

大平正芳　うん。だから、台湾を国家として承認したらええ。「承認」が「第一の矢」だな。

酒井　はい。

大平正芳　そして、「中国本土は、中華民国《ちゅうかみんこく》のものだ」と言うことが「第二の矢」だ。

酒井　日本の首相が、それを言うべきなのですか。

大平正芳　ええ。「蔣介石《しょうかいせき》の中華民国が、中国の正統政権であって、正統政権が、今、台湾に封《ふう》じ込《こ》められている。だから、台湾が中国を支配すべきである」ということだな。

つまり、「台湾・香港《ホンコン》の政体が、中国を支配するのが正統である」と、こういう言論戦をしないといかんだろうな。

酒井　なるほど。

大平正芳　ああ。（後年）毛沢東《もうたくとう》政権ができるんだったら、先の原爆《げんばく》投下も、日本の敗戦もなかったであろう。それが（当時の）アメリカに分かっておったのならな。

つまり、彼らは、「漁夫《ぎょふ》の利《り》」を得たわけよ。アメリカが日本を沈《しず》めてくれたおかげで、国が取れちゃったんでなあ。日本は、蔣介石軍と戦っていたからなあ。だから、中華民国（台湾）を認め、国交を回復し、「中国は中華民国のものだ」と、逆に言うぐらいの追い込みは必要やねえ。

そうしたら、中国のほうは、「日本との貿易をせん」とか、「国交をやめる」とか、暴《あば》れ始めると思うよ。

酒井　はい。そうですね。

大平正芳　だけども、国際的には、そうやって、北朝鮮と同じように孤立《こりつ》させていかなきゃいけないわけだ。

「大人の考えのない国が巨大化《きょだい》しすぎているところが、世界の不安定要素になっている」ということだな。

アベノミクスの失敗で、日本が完全債務《さいむ》国に転落する可能性も

酒井　ただし、経済的には、ヨーロッパにしても、アメリカにしても、まだ、「中国は、非常に〝おいしい市場〟、儲《もう》かる市場だ」と認識していますが、国際社会に、その主張が通るのでしょうか。

大平正芳　「世界の工場」が、「世界の軍事工場」になるんだったら、そらあ、話は違《ちが》うんじゃないですか。

酒井　オバマ大統領は、そこまで理解できると思われますか。

大平正芳　うーん。外交で腰《こし》が引けてるのは事実だなあ。あそこも内政問題で、ずいぶん、〝あれ〟しとるからねえ。

だからな、アベノミクスも、うまく成功すりゃあいいけど、〝火だるま〟になってしまった場合、日本自体が完全債務《さいむ》国に転落する可能性もあるからねえ。経済だけが強みだったから、ほんとに経済運営を失敗したら、アメリカか中国かに、〝保護国〟にされる可能性だって、ないわけじゃないからねえ。

中国・北朝鮮《きたちょうせん》・韓国《かんこく》になめられすぎている日本

酒井　北朝鮮《きたちょうせん》については、どう対処すべきでしょうか。

大平正芳　うーん、やっぱり、安倍君は、あの拉致《らち》問題の解決に、ずいぶん時間がかかりすぎてるんじゃないかなあ。

「拉致問題の解決」っていうのがあるんなら、そりゃあ、「尖閣《せんかく》の領土問題の解決」もあるだろうよ。

だけど、あんなのに「解決」なんていうものは、ありやしないわ。なあ？　だから、「犯人を処罰《しょばつ》せよ」ということだわなあ。拉致は、国際法上、認められないですよ。日本人を拉致した人たちは射殺ですよ。広場に連れ出して、射殺してもらわないといけないわなあ。

酒井　かなり、過激ではございますけれども……。

大平正芳　過激だわねえ。

酒井　やはり、「外交的には、それくらいの強さが必要だ」ということをおっしゃりたいのでしょうか。

大平正芳　うーん。ちょっと、中国・北朝鮮・韓国《かんこく》になめられすぎとるんと違うかなあ。

酒井　そうですね。

「うぬぼれが過ぎた韓国《かんこく》」は、まもなく沈《しず》む

酒井　大平元首相は、外相時代に、韓国《かんこく》との国交回復にも尽力《じんりょく》されましたが、韓国は、何を間違ったか、今、かなり、日本を責めています。

大平正芳　ただ、韓国の景気は、今、すごく低迷《ていめい》してるわなあ。うぬぼれが、ちょっと過ぎとったようだなあ。

酒井　はい。

大平正芳　「日本の客が減っていく」ということが、どれほどこたえるか、分から

んかったんだろうなあ。最強のサムスンでさえ、傾《かたむ》いてき始めたからなあ。

酒井　そうですね。

大平正芳　ああ。だから、韓国は沈《しず》むよ。まもなく。韓国は、今、一生懸命《いっしょうけんめい》、助けを求めて、中国に、すり寄っていこうとしている。

「中国を国際市場から締《し》め出す」ための秘策

大平正芳　ただ、次は、この中国も、沈められようとしとるわなあ。

いやあねえ、簡単なのよ。中国は、ほとんどの外貨をアメリカ国債で持っとるんだからさ、アメリカ大統領が、それを全部、凍結《とうけつ》したら、それで終わりなのよ。中国の貿易黒字の部分を、全部、没収《ぼっしゅう》すればいいのよ。

没収させるためには、どうしたらいいか。向こうに、日本の領土を、どこか不当に攻撃《こうげき》させればいいわけだよ。

酒井　なるほど。尖閣でもいいのですね？

大平正芳　どこでもいいよ。無人島でもいいし、尖閣でもいいし、どこでもいい。「尖閣を取るなら、お取りなさい。その代わり、こちらは、中国が持ってるアメリカ国債を、全部、紙くずにします。国際市場から、中国を締《し》め出します」とね。

アッハッハッハッハ。

まあ、アメリカ大統領が、そこまでやってくれたらねえ、もう核《かく》戦争どころじゃないよ。中国は、あっという間に発展途上《とじょう》国に戻《もど》るから。

「中国の最後」が見えたオバマ大統領

酒井　今回（六月七日・八日）、習近平《しゅうきんぺい》とオバマ大統領は、非常に長く時間を取って米中首脳会談を行いましたが、この目的は、いったい何だったのでしょうか。

大平正芳　オバマさんは、「習近平はアホだ」ということが分かったようだ。

酒井　分かった？

大平正芳　うん。これが、ほんまの田舎者《いなかもん》だっていうことは、よう分かったみたいだな。

つまり、「(習近平は)国際社会の人たちが考えてるような常識を、まったく持ってない。国内の論理しか持ってない」っていうことが、身に染《し》みるほど分かったようなので、これについては、よかったんじゃないかねえ。

酒井　ああ。

大平正芳　それで、あちら（習近平）のほうは、中国の利益を一生懸命主張したつもりでおるからね。まあ、ただの強盗《ごうとう》の論理だよ。それは、アメリカの大統領は分かってるよ。あんなの、強盗・追《お》い剝《は》ぎの論理だよ。ねえ？「取れるもんなら、全部、取る」って言ってるだけだなあ。

酒井　そうすると、「今回の米中首脳会談は、日本にとって、非常にプラスであった」と捉《とら》えてもいいのでしょうか。

大平正芳　いやあ、日本は関係ないわ。

酒井　日本は関係ない？

大平正芳　うーん。アメリカと中国の関係だ。

酒井　オバマ大統領は、日本のことを、そんなに考えていないと？

大平正芳　「日本が、どうするか」によって、日本も関係は出るが、日本は完全に外されたのでな。

酒井　うーん。

大平正芳　向こう（習近平）は、「G2《ジーツー》（中国とアメリカ）で、世界を分け合おう」という提案をしたからね。

酒井　はい。「太平洋には日本などない」というような言い方でした。

大平正芳　「地上には、ほかの国は存在しない。だから、Ｇ２で世界を動かそう。国連さえ要らん」と、まあ、そういう考えだわな。

酒井　ただ、それは習近平の考えであって、オバマ大統領も、そう考えているのでしょうか。

大平正芳　いや、だから、オバマは、「これはアホだ」と思うたんだ。

酒井　ああ、なるほど。

大平正芳　さすがに、「これはアホだ」ということは分かった。オバマが中国を片づけられるかどうかは知らんけども、「いずれ、中国の最後はどうなるか」が、オバマには見えたと思うな。

「中国を豊かにしてきた政策」の早急な見直しを

酒井　大平元首相なら、この今の政治に対して、人事も含《ふく》め、救国の一策として、どういう手を打っていかれますか。

大平正芳　うーん。中国貿易、および、中国を豊かにしてきた日本の政策に対しては、少し見直しを、いや、少しでなくて、急速に見直しをしなければいかんでしょうなあ。それが、軍事的な行動に対する報復の部分でしょうな。

酒井　はい。

大平正芳　よくもまあ、人の領土を、「核心的利益」と称《しょう》して、堂々と、船団を組んで、戦闘機《せんとう》を飛ばして、やりますわなあ。

河野《こうの》談話・村山《むらやま》談話に戻《もど》ったあたりで、安倍《あべ》首相は負けている

大平正芳　あとは、自衛隊の問題ですが、集団的自衛権については、政府解釈《かいしゃく》だけでできるんですから、これだけでしたら、安倍《あべ》政権でもできるでしょうねえ。「米国と集団的自衛権を持てる」という解釈に変えればいいわけ。

だから、河野《こうの》談話・村山《むらやま》談話に戻《もど》ったあたりで、安倍は負けだよ。もう、すでに負けてる。

酒井　そうですね。

大平正芳　ねえ？　すでに負けてるよ。もう、このあたりで、「憲法改正は、ほぼ、あきらめかかってきている」と見ていいと思うな。

だから、「次の人」がいなければ、自民党は「ない」ね。

日中国交正常化当時の「尖閣棚上《せんかくたなあ》げ」の真相とは

酒井　ちなみに、少し話は逸《そ》れますけれども、某《ぼう》・古い政治家が、中国へ行って、日中国交正常化の当時、「田中角栄《たなかかくえい》さんが、『尖閣棚上《せんかくたなあ》げ』という約束をしたのだ」というようなことを言っていました。あれは、事実なのでしょうか。

大平正芳　うーん。まあ、「議題から外した」っていうだけでしょ？

酒井　ああ。

大平正芳　もちろん。あれは長くなるからね。

酒井　言ってはいないのですか。

大平正芳　うーん。そんなのは、約束として必要ないよ。

酒井　では、あの人の意図は何なのでしょう？

大平正芳　それは、もう年を取ったのよ。死なないといかんのだよ。

酒井　はあ。

大平正芳　長生きしすぎたんだ。だから、〝ポンコツ〟になったんだよ。

酒井　中国に、何か恩があるのでしょうか。

大平正芳　違うのよ。古いんだよ。

酒井　古い？

大平正芳　古いから、中国と摩擦《まさつ》が起きるのが怖《こわ》いんだよ。

酒井　ああ。そのために、あえて言っていると？

大平正芳　うーん。ただ怖いのよ。

酒井　なるほど。

大平正芳　古いんだ。死ぬべきだな。

酒井　（苦笑）

大平正芳　死んだほうがいい。長生きしすぎだ。もう、そういう古いのは、いないほうがいいな。早く急死するように進言するわ。

酒井　分かりました。

大平正芳　うん。

4 「幸福の科学」に対する認識《にんしき》

今、イエスが指導しているのはキリスト教会ではない

酒井　大平元首相は、宗教的な素養が非常に深いわけですが、宗教と政治の関係で、幸福実現党が掲《かか》げている「政教一致《いっち》」についてはどう思われますか。

大平正芳　うーん……。まあ、イエス様が指導霊《しどうれい》で出てきてるんだろ？　霊言集《れいげんしゅう》も送っとるんだろ？　いいじゃない。うん。いいじゃない。

しょうがないじゃん。ローマ法王ではイエス様を降ろせないんだろ？　イエスが嫌《いや》がってローマ法王に入らないんだからさあ、しょうがないじゃない。いくら祈《いの》ったって、イエスの声が聞こえないんだからさあ。

ただ、儀式《ぎしき》はできるよ。王冠《おうかん》をかぶって、笏《しゃく》を持てば、儀式はできるけどさあ、祈ったって、イエスは応《こた》えたまわないんだから、しょうがないじゃないの。幸福の科学へ来て、こっちで説法《せっぽう》なされてるんだよ。

酒井　はい。

大平正芳　もう教会は、事実上なくなったのとほとんど変わらない。（イエスは）海外説法まで、幸福の科学のツールを使ってなされているようであるから、もう終わったわな。

だから、いいんじゃない？

「イエスの父はエル・カンターレ」と認識《にんしき》している大平元首相

酒井　では、日本にも、宗教政党をしっかりと……。

大平正芳　宗教政党っていうよりさあ、君らは、何でもっと堂々としないんだね？

酒井　堂々としていないでしょうか。

大平正芳　うん。海外だけで、言ってるけどさあ。

酒井　はい？

大平正芳　「エル・カンターレはイエスの父だ」って言ってるんだろう？

酒井　はい。

大平正芳　それでいいじゃないか。イエスが、「わが父あり。その父はコセフではない。霊的な父だ」って言ってるじゃない？　君らは、「それがエル・カンターレだ」って言ってるんでしょう？

酒井　はい。

大平正芳　だから、それでいいじゃない？

酒井　大平元首相は、それを……。

大平正芳　認める。

酒井　ご認識《にんしき》されているのですか。

大平正芳　認めますよ。悔《くや》しかったら、ローマ法王は、「イエスの霊言」を出したらいいよ。

酒井　なるほど。

大平正芳　「どうぞ、『イエスの霊言』を出しなさい」って。あと、エクソシスト（悪魔祓《あくまばら》い師《し》）も、何十人かは雇《やと》っとるんやろ？　エクソシストでもええから、「『イエスの霊言』を出せるなら、どうぞ出してごらんなさい」と言えばいい。

酒井　なるほど。そうしますと、やはり、大平元首相は、「政治家というのは、神の心を本当に受けた者でなければいけない」とお考えですか。

大平正芳　いや、キリスト教の本道《ほんどう》としては、やっぱり、政治も宗教も、そらあ、神の心の表れだよ。

百年後には「新しいエルサレム」の時代が来ている

大平正芳　イエスは、この世的には、ローマに敗れたように見えるかもしれないけれども、「復活」を通じて、キリスト教としてローマを支配してしまったからね。だから、まあ、その意味で、結局は、この世も支配したわけ。三百年、四百年かかって支配したわけだ。

まあ、君らの宗教の構えを見たら、仏教も日本神道《しんとう》もキリスト教もイスラム教も、みんな、入ってるんだろう？

酒井　はい。

大平正芳　これは、百年後がどうなってるかぐらい、もう分かってるじゃない。もう分かってるよ。

うーん。だから、ああ、自民党の政治家にも言いたいけどねえ、「たまたま、自分たちと政策が似てる」とか、「自分たちが言うと票が減るかもしれないことを言ってくれてるから、〈政策を〉〝つまみ食い〟して利用しよう」とか思うてるやつがおるようだけども、「君たちは、そのうち、たいへんな大恥《おおはじ》をかくよ」と言っておきたいなあ。ああ。大恥をかくよ。百年後が見えるもん。

酒井　大平元首相には見えていらっしゃるのですか。

大平正芳　百年後が見えるよ。これがどうなるかぐらい分かるよ。

酒井　どうなるのでしょうか。

大平正芳　どうなるって、「幸福の科学の時代」が来るんだよ。

酒井　それは百年後になるのでしょうか。

大平正芳　ここが「新しいエルサレム」になるのさ。

酒井　なるほど。

大平正芳　イスラム教だって問題だらけでしょ？　エル・カンターレなる者が出てきたところに、ちょうど、イスラム教もグラグラに揺《ゆ》れてきてるじゃないですか。これはもう、時代の要請《ようせい》ですよ。イスラム教には変革の必要がありますよ。そのために、あれだけ、なかが揺れてるんでしょう？

キリスト教は、もう、法王も退位するわで、政治的パワーも落ちとるわなあ。

今の日本国民の目には鱗《うろこ》がかかっている

大平正芳　一方、日本は無神論でやってて、中国なんかのまねをしてたら、今度は、中国のほうが悪い国になってきて、平和論者たちの行き場がなくなってきた。なあ？「左翼《さよく》は平和論だ」って言われてたのが、「左翼とは、全体主義国家で、全体主義軍事国家のことだ」っていうことになった。全然違《ちが》うわなあ。

だから、左翼は人権を大事にするリベラルだけど、「国家の公共の福祉《ふくし》に反しない範囲《はんい》内でのリベラルしか認められない」っていうのが、まあ、神の摂理《せつり》だわなあ。どう見てもなあ。それ以上は駄目《だめ》っていうことやな。

今、日本にも、憲法九条改正反対論者《ろんじゃ》がいると思うし、相変わらず、平和主義を言い、非戦論を言い、「中国と仲良くする」と言うやつらはおると思う。けども、中国があれだけの軍事国家になって、核《かく》武装してるなかで、「君らは、ああいうふうになろうとしてるのかい?」っていうことだよなあ。

「これは、君らの言う平和論と違うのでないかい?」というところについては、目を覚まさないかん。はっきり言うて、目に鱗《うろこ》がかかっとるわなあ。

だから、わしはねえ、もう幸福実現党に任したらええと思うわ。

〝錦《にしき》の御旗《みはた》〟が見えれば政治活動の戦いは決する

酒井　幸福実現党が飛躍《ひやく》するための秘訣《ひけつ》といいますか、足りないものは何でしょうか。

大平正芳　ああ、自民党を吸収することだよ。

酒井　「吸収」ですか。

大平正芳　うん。だから、連立しようなんて思うな。吸収することだね。してしまったらええんだ。

酒井　考え方においては、もう吸収していると思うのですが、実戦部隊として、何が足りませんでしょうか。

大平正芳　吸収したらええのよ。

つまり、認めたら終わりなのよ。最近、〝錦《にしき》の御旗《みはた》〟っていう言葉が出てきとるけども、〝錦の御旗〟が見えたら、それで終わりになるよ。

酒井　なるほど。「それを認めた瞬間《しゅんかん》に、すべてが決する」ということですか。

大平正芳　そう。今はまだ、「報道しない」っていうところが、やっぱり、既成《きせい》政党を有利にしてるんだよ。既成政党に有利に働いてる。

酒井　このマスコミを崩《くず》す方法というのは……。

大平正芳　いや、もうすぐ崩れる。

酒井　崩れますか。

大平正芳　うん。もうすぐ崩れる。もうすぐ崩れる。

酒井　「自壊《じかい》していく」ということですか。

大平正芳　もう、〝木の根元《ねもと》〟は、斧《おの》でグルッと切られてるから、もうすぐ倒《たお》れるわ。

酒井　そうですか。

大平正芳　うん。もうすぐ倒れる。それはすでに打ち込《こ》まれているな。習近平《しゅうきんぺい》は〝ラストエンペラー〟になる

酒井　「日本は、この十年間に、最大の国難の危機を迎《むか》える」と言われていますが。

大平正芳　まあ、「国難」でもあるけども、習近平《しゅうきんぺい》が〝ラストエンペラー〟になる時代でもあるから、「希望の時代」でもあるよ。

酒井　中国は、習近平で終わりますか。

大平正芳　終わりだ。

酒井　終わりですか。そのあとはないのでしょうか。

大平正芳　あるよ。

酒井　ある？

大平正芳　うん。だから、まあ、「香港《ホンコン》的な考え方が中国を支配する体制に変わる」っていうことだよ。

酒井　なるほど。

大平正芳　中国には内部の革命が起きる。だから、彼で最後です。

酒井　分かりました。

救世主降臨の時代の到来《とうらい》が分からない者は「滅《ほろ》びの門に至る」

秦　今日は、突然《とつぜん》のお招きだったために十分なお時間が取れず、たいへん申し訳ありませんでした。

最後に、大平元首相から、日本国民に対するメッセージがあれば、一言、お願いいたします。

大平正芳　まあ……、バカでなければ、そろそろ気づいたほうがいいんじゃないかねえ。

そもそも無理な話なんだからさ。「神仏が人類をお創りになって、お導きになった」というのは当たり前のことだ。だから、神仏を隠《かく》して、「自分らだけでやれる」と思ってるのは、子供が親の目を盗《ぬす》んで自由にできると思ってるのと、同じようなことだわな。親の目を節穴《ふしあな》だと思うとるんだろうけど、「子供が小遣《こづか》いを盗んで、何を買ってるか」ぐらいは見えておるのだよ。

そういう時代が来たのだよ。だから、二千年前のイエスの時代、二千五百年前の仏陀《ぶっだ》の時代、まあ、そういう時代が、今、到来《とうらい》したのだよ。

この時代が到来したことが分からない者は、「滅《ほろ》びに至る門をくぐる」ということだな。

5 大平元総理の「過去世《かこぜ》」

あの世で交流する政治家は「宗教心のある者」

大平正芳　わしは、もう霊《れい》になっておるから、イエスの姿も見える。イエスは幸福の科学を指導している。イエスは大川隆法さんのところへよく来ている。

酒井　そうしますと、大平元首相は、非常に宗教的でもありますので、霊的に高い世界との交流があるのでしょうか。

大平正芳　まあ、そういうことを自分で言うべきかどうかは知らんけどなあ。

酒井　どのような方と交流されていますか。

大平正芳　（約五秒間の沈黙《ちんもく》）まあ、確かに政治家もおるけどな。

酒井　政治家で言いますと、どのような方になるのでしょうか。

大平正芳　ああ、政治家だと、宗教心のある政治家だわなあ。

酒井　例えば、現代の方で言いますと、どなたでしょうか。

大平正芳　うーん……。現代の方……。

酒井　現代の方は、いないですか。

大平正芳　現代っていうことはないんじゃないですか。

酒井　日本の方だと、どのような方になりますか。

大平正芳　ああ、日本……。日本だったら、そうだなあ、うーん……。まあ、仏教を推進した政治家とかさあ、そんなのはおる。あと、日本ではないが、海外では、もちろん、キリスト教の人がおるわなあ。

イエスの十二弟子《でし》の一人「マタイ」が過去世《かこぜ》

酒井　大平元首相は、転生《てんしょう》としては、日本が多いのでしょうか。それとも海外が多いのでしょうか。

大平正芳　うーん……。まあ、こういうことが趣旨《しゅし》として合うかどうかは知らんけどなあ。ああ、こう見えても、わしは、「イエスの十二弟子《でし》」の一人なんだよ。

酒井　あ！　そうでございますか。

大平正芳　だからさ、よく知ってるんだよ。うーん。

酒井　そうしますと、『聖書』に出ていますよね？

大平正芳　出てるよ。

酒井　それは誰《だれ》でしょうか。ずばり、お名前をお聴《き》かせいただけませんか。

大平正芳　ああ、「福音書《ふくいんしょ》」を書いた者の一人だな。うーん。

秦　ヨハネ様でいらっしゃいますか。

大平正芳　あんなに美男ではなかった。

秦　誰でしょう？

酒井　マルコではないでしょうから……。

秦　マタイとか……。

酒井　マタイですか。

大平正芳　そういうことになるかな。

酒井　本当に宗教家だったわけですね。

かつて「ローマ法王」として転生《てんしょう》したことも

大平正芳　まあ、あとは、ローマ法王に生まれたこともあるけどね。

酒井　ローマ法王も？

大平正芳　うん。生まれたことはあるけどね。まあ、今の法王は、もう要《い》らんな。役に立たないわ。

宗教は、もう全部、幸福の科学にやられるわ。〝やられる〟という言い方は間違《まちが》ってるかもしらんけれども、イエスが指導霊をするにしても、まあ、幸福の科学の三分の一以上は指導できないレベルだわなあ。このスケールを知ったほうがいい。

次の時代には「日本の世紀」が到来《とうらい》する

大平正芳　だからもう、韓国《かんこく》や中国は気にせんでええよ。ああいうところは、もうすぐ終わるから。

酒井　なるほど。

大平正芳　「神仏《かみほとけ》の力に勝てる国家」なんか、ありはしない。

これから、アメリカにも幸福の科学の教えは広がるから、急速に変わってくるよ。今は、自分らが戦勝国だと思って、うぬぼれとるから、日本を保護国のように思うとるんだろうけど、これから変わってくるよ。たぶんな。

あなたがたの力で未来は変わる。
学者は、「アメリカの次は中国の世紀になり、中国の世紀がインドの世紀になる」と予想してるんだが、予想に反して、どっこい、「日本の世紀」になる。

酒井　そうでございますか。

大平正芳　「日本の世紀」になる。
だからね、まあ、信心《しんじん》深い人がなかなか少ないので、わしは残念だけど、こうなったら、しょうがないから、わしも、もう預言者になってしまうか。
何年か、十年か、もっと早くなるかもしらんけども、「自民党の政治家は、幸福実現党に帰依《きえ》しなさい」。これが、大平の遺言《ゆいごん》である。うん。

酒井・秦　ありがとうございます。

大平正芳　うん。
酒井　本日は、本当にありがとうございました。
大平正芳　はい。

6　時代の変化が近づいている

「マタイが日本の首相に転生《てんしょう》していた」という事実

大川隆法　言語不明瞭《ふめいりょう》ながら、内容はありましたか。

酒井　はい。最後は、スピーディーにお話をされていました。

大川隆法　何分ぐらい録《と》れたでしょうか。

秦　一時間ぐらいです。

大川隆法　（笑）本にするには少し足りないですか。

酒井　一時間ぐらいですので……。

大川隆法　少し足りなかったでしょうか。もし、足りないようであれば、また、誰《だれ》かの霊言《れいげん》と合わせて発刊する手はあるかもしれません。あとで、キリスト教系の誰かの霊言を録ってもよいかもしれませんね。

酒井　はい。

大川隆法　うーん。しかし、〝恐《おそ》ろしい〟ことです。「マタイ」と言ったのですね？

酒井　はい。

大川隆法　大平さんは、「自分はマタイ伝のマタイである」と言っていましたが、これは、クリスチャンにとっては大変なことでしょう。

酒井　重要な方が、日本の政治家として出られていました。

大川隆法　そして、「イエスを見た」と言っているわけですね？

酒井　はい。

大川隆法　これは大変なことです。確かに、「クリスチャンの票が乗る」と言っただけのことはあるわけです。「『聖書』を本当に読んでいるのであれば」ということですね。

今後の世界情勢を予告した大平元首相

大川隆法　また、ローマ法王に対しては、「悔《くや》しかったら、イエスを降ろしなさい。降りないのなら黙《だま》れ」と言っていました。厳しいですね。大平さんは、「こちら（幸福の科学）にイエスが来ているのを、私はもう見ている」ということでした。

酒井　はい。

大川隆法　つまり、大平さんの証言としては、「イエスは幸福の科学に降りています。ほかの宗教の指導霊たちも降りています。だから、もう百年後の世界は見えています。この潮流のなかで、従う者は勝利するが、逆《さか》らう者は滅《ほろ》びるでしょう」ということでした。

それから、この人は、「習近平《しゅうきんぺい》の終わり」を予告しましたね。

酒井　そうですね。

大川隆法　「安倍《あべ》さんの終わり」も予告しました。

酒井　やはり、「神の正義」という観点から、政治を見ていらっしゃったのではないかと思います。

大川隆法　そのようですね。言葉がはっきりしないのはなぜなのか、よく分かりませんが、何か、魂《たましい》の兄弟で、そういう人がいたのでしょうか。

ただ、この感じから見ると、何かにかかわってくるかと思われます。

酒井　このあと、何かが起こるのですね。

大川隆法　かかわってきますね。今、世界各地で、宗教も絡《から》めての政治運動がいろいろと起きているので、何かにかかわってくるかもしれません。

“ビーバーの堰《せき》”が破れる日は近い

酒井　政治家で、エル・カンターレを明確にご認識されている霊人《れいじん》というのは、それほどいなかったのですが、最初から、ご自身でお話しされていました。

大川隆法　中曽根《なかそね》さんの守護霊も、かなり近かったのですがね。大平さんは、イエスをはっきりと見ているのですね？

酒井　はい。

大川隆法　それで、「イエスが幸福の科学を指導している」ということを、はっきりと知っているわけです。教会を現状維持《いじ》したい人にとっては、なかなか信じたくないことでしょう。

ただ、私が百七十冊以上もの霊言集を出してきたことを、社会現象としても文化現象としても伝えずに我慢《がまん》しているマスコミについては、どこかで〝ビーバーの堰《せき》〟が破れるでしょうから、そのときには、認めざるをえなくなると思います。

「マスコミはもうすぐ倒《たお》れる」と言っていたので、時代が大きく変わるのではないでしょうか。そんな感じがしましたね。

また、「自民党には、もうあとがない」「安倍の復活、不可思議なり。正義にもとる」という言い方もしていました。

酒井　はい。

大川隆法　私たちは、そろそろ独自に行かなければいけないのかもしれません。

酒井　そうですね。

大川隆法　今回の霊言を、一つの意見として聞いてくれる人もいるでしょう。

酒井　はい。

大川隆法　やはり、大平元首相には、どうしても出たい理由があったのでしょうか。「地方へ説法《せっぽう》に行くことよりも、こちらのほうが大事だ」ということでしょうか。

酒井　政治というよりも、宗教的にも大きな意味を持っていたと思います。

大川隆法　日曜日に行う予定の説法のタイトルは、「神仏の心の実現」です。「実現する」という意味では、これは、確かに、その前触《まえぶ》れではありました。

酒井　そうですね。宗教政治家そのものでした。

大川隆法　そのようですね。

酒井　はい。ありがとうございました。（会場拍手《はくしゅ》）

第2章

哲《てつ》人《じん》政治家が語る「過去と未来」

二〇一三年六月十四日　大平正芳《おおひらまさよし》の霊示

東京都・幸福の科学 教祖殿《きょうそでん》 大悟館《たいごかん》にて

質問者　※質問順

小林早賢《こばやしそうけん》（幸福の科学広報・危機管理担当副理事長）

綾織次郎《あやおりじろう》（幸福の科学上級理事 兼《けん》「ザ・リバティ」編集長）

［役職は収録時点のもの］

1　二十世紀の日本に生まれた理由

再び大平正芳《おおひらまさよし》元総理を招霊《しょうれい》する

大川隆法　本日の夕方、大平正芳《おおひらまさよし》さんの霊言《れいげん》を収録したのですが、言葉数が少なくて、話すのも遅《おそ》いため、それを本にすると、かなりスカスカになる可能性があり、「もう一章分追加しよう」と考えた次第《しだい》です。

普通《ふつう》の霊人《れいじん》の場合、二時間程度の収録で一冊になりますが、大平さんは、その三倍ぐらいかかりそうでした。当の本人も、お昼に来たときに、「土日まで（三日間）かけて、しっかり三本ぐらい録《と》らないといかん」と言っていたのです。

「さすがに、三日間は付き合い切れない」と思ったのですが、やはり、質問者に話を引き出してもらわないと、それほど出てこないかもしれませんので、まあ、頑《がん》張《ば》ってください。

先ほど、重要なことについて、ある程度は訊《き》いていますが、本当ならば、まだ訊くべきことがあったような気もします。あのままで出すのは、やや足りないように思われますので、ここは、もう少しこだわってみるつもりです。

「大平さんになら、当然、訊いておきたい」と思うようなことを、もう少し突《つ》っ込《こ》んで質問をお願いします。

それでは行きます。

大平正芳元総理、大平正芳元総理。

本日、二度目になりますが、幸福の科学 大悟館《たいごかん》にご降臨たまわり、われらをご指導くださいますよう、心の底よりお願い申し上げます。

大平正芳元総理。

もう一度、この場へお還《かえ》りになり、追加の質問をお許しくださいますよう、心の底よりお願い申し上げます。

（約十秒間の沈黙《ちんもく》）

衝撃《しょうげき》的な「魂《たましい》の遍歴《へんれき》」が明かされた前回の収録

大平正芳　うう―ん。う―ん。

小林　大平正芳元総理でいらっしゃいますでしょうか。

大平正芳　ファッハン！　う―ん。だから、「時間がかかる」って言ったじゃないか。ああ？

小林　ええ、申し訳ございません。

大平正芳　四国に行くのをやめたらよかったのよ。

小林　いえいえ。あのー……。

大平正芳　そうしたら、私のを土日でしっかり録れたんだ。もう、『全集』の一・二・三巻ということでもよかったんだからさあ。

小林　今回は、「パート2」として、また、少し突っ込んで話をお聴《き》かせいただければと思います。

大平正芳　うーん……、まあ、そんなに突っ込んでは答えんぞ。

小林　それはともかくとしまして、さっそく、本題に入りたいと思います。

先ほど「パート1」（本書第1章所収）を聴きまして、ある意味で、たいへんな驚《おどろ》きと言いますか、衝撃《しょうげき》が走りましたのは、「実は、こういう魂《たましい》の遍歴《へんれき》をしてこられた方だったのか」というところです。

大平正芳　ああ、そうかあ。なるほど。

小林　率直《そっちょく》に申し上げて、これが公開されると、一般《いっぱん》読者をはじめ、日本国民に対する衝撃は大きいと思います。

大平正芳　うーん。

キリスト教系のペテロやマルコの魂《たましい》も日本に生まれていた

小林　では、最初のご質問をさせていただきます。

大平元総理は、極《きわ》めてキリスト教的な方であり、なおかつ、広く西洋世界のほうにわたって、宗教のみならず、一部は政治にもかかわってこられた方だと分かりました。

大平正芳　うーん。

小林　そのような魂《たましい》の方が、何ゆえに、太平洋戦争後の、主として二十世紀後半の日本を選んで、お生まれになったのか。

しかも、「総理大臣」を目指すというような使命を持って生まれ、お仕事をされたのか。まず、そのあたりからお聴かせいただければ幸いです。

大平正芳　まあ……、そうは言っても、ペテロも生まれておったし、マルコも生まれておったしなあ。まあ、あんたがたは知らんかもしれないけども、ほかにも、キリスト教系の魂が生まれているわけでな（『黄金の法』『幸福の原理』〔共に幸福の科学出版刊〕等参照）。

五百年たってもキリスト教が広がらない日本

大平正芳　日本は、伝道がとても後《おく》れておるんでなあ。もう五百年もやっておるのに、まったく広がらないんで、キリスト教的には、実に、もう、何ちゅうか、〝店をたたんでもいい〟ぐらいの広がらなさだよなあ。

君らは、頑張ってるけども、ここまで来るのには、まあ、三百年ぐらいかかってもおかしゅうないぐらいだからねえ。ブァッハッ！

いやあ、だからさあ、本来はだなあ、うーん……、今、この地に、もうちょっとキリスト教的な考え方が入っとってもよかったんだよなあ。

まあ、先の敗戦がなあ……、日本にしてみれば、ああ、うう、「敗戦」になるんだけども、あの敗戦を「よかれ」と思うたものの一つには、それを契機《けいき》としてだなあ、「明治維新《いしん》では取り込めなかった『キリスト教文化』のよさを、もう一段、取り込めるのではないか」っていう気持ちがあったんだよなあ。

だから、「和魂洋才《わこんようさい》」でなあ。「『魂』は日本人で、『才能』のところ、実用的なものは洋風にする」というようなことで、まあ、明治からいろいろやってきたけれど、戦争で頓挫《とんざ》したことでなあ、「やはり、『魂』のほうも、洋風のいいところを、もう少し勉強してもらいたい」という気持ちがあってさあ。

それで、まあ、日本の神様も、ちょっと怒《おこ》っておったような気もするんでね。だから、「やはり、西洋文明を甘《あま》く見んほうがええのとちゃうか」と思ったんだなあ。

近代議会制は必ずしも「最終の答え」ではない

小林　そうしますと、純粋《じゅんすい》に政治的な使命を持った政治家の面よりも、宗教的・文明的な関心、視点のほうが強く、そういった宗教的使命あるいは目的を持って、日本にお生まれになったと考えてもよいでしょうか。

大平正芳　まあ、わしらの考えはなあ、そんなに……。今は、「政教分離《ぶんり》」っていうのをテクニカルに言うんだろうけども。

うーん、何度も言っちゃあ失礼だけども、ローマ法王だって、やっぱり政治家だよな。政治家だし、宗教家だよな。宗教的なことを言うけど、政治家だよ。だから、世界の課題に、いろいろな意見を言うているよな。そういう面はあるし、これは伝統的なもんだからなあ。

日本とイスラエルと、その両方に、そういった伝統はあったんだよ。これが、今は、ちょっと寂《さび》れてきてはいるけど、本来、そうであってはならないわけやな。

だから、ああ、うーん……、近代議会制は発達したけども、まあ、何ちゅうかなあ、「必ずしも最終の答えではない」っちゅうことやなあ。分かるかなあ。

「暴虐《ぼうぎゃく》な悪政から民衆を守る役割」としての民主主義

小林　今のお話は、ここ四、五百年の西洋の近代の歴史に対しても、その足らざる部分に関し、「二つの答えを与《あた》えたかった」と言いますか、「為政者《いせいしゃ》をやや性悪主義的に見る民主主義、それによって、神様との距離《きょり》が少しできてくるような民主主義に対して、一つの答えを与えたかった」ということでしょうか。

大平正芳　ああ、うーん。民主主義そのものが、「全部、善」とは言えんわなあ。だから、まあ、簡単に言やあ、「民主主義」と言っても、「二つの民主主義」がある。一つには、「暴虐《ぼうぎゃく》な悪政を防いで、民衆を守る」という意味での、〝防波堤《ぼうはてい》〟の制度としての民主主義がある。それは、〝悪代官〟なんかにも対抗《たいこう》できる考えやから、制度的には進んでる面もあるわなあ。権力は、必ず強くなって、弱い人をいじめるからなあ（咳払《せきばら》い）。

本来の為政者《いせいしゃ》とは『神に選ばれし者』

大平正芳　だけどもだなあ、ああ、うーんうん……、もう一方ではだねえ、やっぱり、何ちゅうか、まあ、「みんなが『神様に近い人』を選べるような目を持っているかどうか」っちゅう問題があるわけやなあ。

だから、今、「総選挙」は、二つあるんだろう？　ＡＫＢの総選挙と（会場笑）、議員選挙の総選挙と、二つあるな？　今の政治にはなあ、ＡＫＢの総選挙と変わらず、同じようなところがあるんじゃないかな。これ、私はなあ、ちょっと悪いところやと思うんだよ。

とにかく「話題を振《ふ》りまけば（票が）入る」ような感じがあるんじゃないかなあ。ここは、問題がある。ここをちょっと直したい。

ケインズとかに言わせりゃあ、これは、「美人投票」（「多くの投資を集めるであろう銘柄《めいがら》を予測し投資する」という株式投資理論の一つ）っちゅうことになるだろうなあ。
小林　西洋のほうの考え方で言えば、『旧約聖書』に出てくるように、「為政者《いせいしゃ》は、預言者や神の言葉に基《もと》づいて政治をするべきだ」と？
大平正芳　そうそうそうそう。もう「選ばれている」のよ。だから、みんな、「誰《だれ》が選ばれたか」を知りたいし、「選ばれし者」についていかなければいけないわけよね。これが、「油塗《あぶらぬ》られし者（メシア）」だよな。
いやあ……、ここ（幸福実現党）であれば、もう、その証明は十分にやってると思うけどなあ。まあ、宗教も変質したのかもしらんけどなあ。うーん。
小林　今の話は西洋でのケースですが、この日本の国においても、その発祥《はっしょう》の時点では、政治とはそういう趣旨《しゅし》のものだったと思います。

「十字架《じゅうじか》を信ぜよ」が日本には通用しなかった理由

小林　冒頭《ぼうとう》のお言葉のなかで、ハッとした部分がありました。私には、「『今回は、できれば、明治維新のときに取り込み切れなかった部分、足りなかった部分に対する補強をしたい』という思いも込めて、生まれてきたのだ」という趣旨にも聞こえたのですが……。

大平正芳　いやあ、あれは、ちょっと驚きだなあ。「明治維新には、当然、外国が入ってくる」と思うとったよ。しかし、日本人があれほど自立しているとは思わなかったんだなあ。（日本は外国から）武器を買いはしたが、「あくまでも、日本の『内戦』であって、外人に介入《かいにゅう》してもろうてまで、戦いはせん」っちゅうところについては、武士が一線を守ったわなあ。

それは、まあ、たぶん、勝海舟《かつかいしゅう》さんや徳川慶喜《とくがわよしのぶ》さんが偉《えら》かったんだろう。やっぱり、もう、諸外国がうまいこと〝餌場《えさば》〟にされてしもうたのを（日本は）見て取ったんだろうなあ。だから、「国を失ってまでも、面子《メンツ》で勝ち負けを決めたいわけではなかった」っちゅうことかなあ。

近代のヨーロッパの伝統は、やっぱり、帝国《ていこく》主義的侵略《しんりゃく》とキリスト教の布教《ふきょう》を組み合わせて、だいたいこれが一体化しているのでなあ。宣教師と商人と、それと軍隊。常に、これらが一体化して攻《せ》めてきて、取っていくのが流れなんだよ。

だけど、日本では、それがうまくいかなかったんだなあ。キリスト教はちょっと入ったけどね。

まあ、（日本には）儒学《じゅがく》とか仏教とか、いろんなものがすでにあったからな。たぶん、「（欧米《おうべい》人が）その文化的な高みの部分を計算し切れなかった」ということと、何ちゅうかなあ……、「日本人が比較《ひかく》宗教学の目を持っていた」っていうことだろうなあ。つまり、ほかのいろんな宗教のパターンを知っておったっちゅうことやなあ。

だから、「十字架《じゅうじか》を信ぜよ」と言われても、日本人は、歴史的に、それ以外の神様のあり方を、すでに知っていたわけやな。それだけ国（の歴史）が長いからなあ。

近代日本の「マルクス主義化」の流れは不本意

大平正芳　その意味で、キリスト教系の人にとっては、明治以降の流れはやや不本意だっただろうし、先の戦争にも反対していた人が多いと思うんだけども、戦争に反対していて、「敗れたあとにはキリスト教の時代が来るか」と思ったら、それは来ないで、マルクス主義の時代になっちゃった。まあ、こういう入れ違《ちが》いがあったわなあ。

民主主義のなかには、悪いほうに行けば、「結果平等」を中心にしたマルクス主義的なものになっちゃうところがあるからねえ。（戦後の日本は）そっちのほうに行ってしまった。国がガーッと揺《ゆ》れていったんでねえ。

だから、ああ、うーん、ある意味で、意図したものとは、さらにまた違うほうに流れていったところがあるわなあ。

戦後の「神々のラッシュ・アワー」でも苦戦したキリスト教

小林　そうしますと、「戦後の日本で活躍《かつやく》する」という人生計画を立てられた趣旨としては、「自分は、戦後の日本が、マルクス主義や無神論の国にならないようにするために、あるいは、神の理想を実現する民主主義国家となるために生まれてきたのだ」という理解をさせていただければよろしいですか。

大平正芳　いやあ、自分にも、そういう気持ちはあったけれども、ただ、日本神道《しんとう》系も強くってなあ。だから、天皇制が傾《かたむ》いたのは間違いないが、終戦後、「神々のラッシュ・アワー」っていうぐらい、神道系の新宗教がいっぱい起きてきた。まあ、仏教系も起きたけどなあ。なんとなんと、タケノコみたいにたくさんたくさん出てきたので、なかなかシェアを取らせてくれんのだよ。そういう驚いた国ではあったがなあ。

だから、「ただ十字架を信じて、天国に行くことを望め」っていうような教えでは、日本人を説得できんかったんだなあ。

2　権力闘争《とうそう》の霊的《れいてき》背景

最大のライバル・福田赳夫《ふくだたけお》への思い

綾織　政界のなかでも、ある種のさまざまな権力闘争《とうそう》があったわけですが……。

大平正芳　うーん、それもきつかったなあ。

綾織　福田赳夫《ふくだたけお》元首相などは、おそらく、日本神道《しんとう》系ではないかと思うのですが。

大平正芳　うーん、そうだよ。あれも、そのうち出てくるやろうけど、〝解剖《かいぼう》〟してやったらええわ。どんな「ド天狗《てんぐ》」か分かるからさあ、一回やったらええわ。うん。

綾織　大平さんと福田さんとは、最大のライバルでしたし、ある種の……。

大平正芳　ああ……。あの天狗は、ちょっと力があるよ。力はあるけどな、キリスト教系は天狗との戦いをあまり経験してなかったからさあ、まあ、ちょっと参ったなあ。

綾織　「キリスト教」対「日本神道」のどの部分かは分かりませんが、そういう対決図式のような感じだったのでしょうか。

大平正芳　いやあ、やっぱり、天狗は突撃《とつげき》隊なんだよ、日本神道のな。突撃隊が天狗だからさあ。

キリスト教は、キリストが悪いわな。こう、「謙虚《けんきょ》になれ」とか、「慎《つつ》ましやかに、清く、貧しく、欲を減らして生きよ」とか、あんまり言うからさあ。あの、天狗の鼻で突っ込《こ》んでこられたら、やっぱり、きついわなあ、あれなあ。

だから、なかなか強かった。ほかの政治家も、けっこう強うてなあ。

時間を惜《お》しんで努力し、一橋《ひとつばし》大から大蔵省へ、さらに総理へ

大平正芳　私だって、「哲人《てつじん》政治家」を目指していたのは間違《まちが》いない。哲人政治家を目指したんだけど、なんせ、政界は権力闘争が強くてなあ。もう、「嫉妬《しっと》の海」よ。だから、二年も泳ぐのは大変で、足を引っ張られるからさあ、ああ……。

綾織　戦後の首相のなかでは、珍《めずら》しく、「最大の読書家」というようにも言われていましたが……。

大平正芳　いやあ、それはどうか、知らないけどもなあ……。

綾織　かなりの蔵書をお持ちで、宗教的な面も勉強されていた「文人政治家」であり「哲人政治家」でもあるという部分では、私たちにとっても非常に参考になるところが多々あるのではないかと思います。

大平正芳　ああ、わしは、香川《かがわ》の農民の子やからなあ。「香川の農民の子がどこまでできるか」っちゅう、あれやがなあ。

まあ、口はこんなもんやから、そうずーっと立つとは言えんけども、香川の農民の子が頑張《がんば》って、東京商大っちゅうか、一橋《ひとつばし》（大学）に行ってやなあ、なかで努力をして、珍しく、一橋からなあ……。

あ、おまえ、一橋とちゃうんか？

綾織　そうです。後輩《こうはい》でございます。はい。

大平正芳　おお、そうかい。なかなか、ええ子じゃ。それで、「一橋から大蔵省へ入る」って、どのくらい難しいか分かるか。

綾織　ああ、それは分かります。

大平正芳　分かるな？

綾織　もう、めったに……（笑）。

大平正芳　ああ、分かるな？　分かったら、それでよろしい。それは、時間を惜《お》しんで勉強せんかったら無理やなあ。

綾織　入ったあとも、かなり苦労するようです。

大平正芳　そらあ、苦労はするわなあ。

綾織　一橋から行くと大変ですよね。

大平正芳　「大蔵省へ行って、さらに首相にまでなる」って、これは大変なことやねえ。

だから、田んぼのあぜ道を走っとるようなもんやからさ。ちゃんとした道路を走らせてくれれば速度も出るけどさあ、車であぜ道を走ってるようなもんだから、もう、人生、きっつい道やったなあ。

小林　それで、本日は、驚《おどろ》きと衝撃《しょうげき》がずっと続いていますが……。

大平正芳　何で驚くのかな？

小林　話の九割五分ぐらい、ずっと、「宗教」の一点で来ましたので……。

大平正芳　そうだねえ。俺《おれ》、基本は宗教家だ。

小林　ええ。そうだと思いました。

福田赳夫《ふくだたけお》と田中角栄《たなかかくえい》は〝大天狗《おおてんぐ》〟

小林　今回、主に、ご生前の政治家としての側面をご覧になってきた多くの国民にとっても、今、いい意味での衝撃が与《あた》えられていると思うのですが、その方々に向けて、ご降臨の証明を兼《か》ねて、もう少し政治家時代のお話を伺《うかが》えればと思います。

大平正芳　うん、うーん。

小林　やはり、大平首相におかれましては、多くの方の印象に最も残っておりますのが、急死されたあとの選挙（一九八〇年の衆参同時選挙）で、自民党がまさかの大逆転をしたところではないでしょうか。ある意味では、あまりにもキリスト教的（自己犠牲《ぎせい》的）な大逆転だったわけですけれども……。

大平正芳　いやあ、あれはなあ、君、分かってくれるかな？　〝十字架《じゅうじか》〟に架けられたのよ。まあ、だからさあ、十字架に架かって復活した。まさしくそうや。総理として嫉妬されて、「四十日抗争《こうそう》」やったかな？

小林　ええ。

大平正芳　第二次（内閣のとき）やったか、すごい勢力抗争が続いてな。「何回も総理をするのは許さない」っちゅうの？　わしを引きずり降ろそうとしてなあ。

これ、天狗《てんぐ》の親分が二人もおったんだ。あのときは、「三角大福中《さんかくだいふくちゅう》」で、少なくとも、まあ、田中角栄《たなかかくえい》と福田赳夫《ふくだたけお》は大《おお》天狗や。間違いない。中曽根《なかそね》にもちょっと疑いがあって、ちょっと入っとるかもしらんけど、この二人は絶対に大天狗だ。どっちが強いか知らんけどな。この大天狗たちに挟《はさ》まれた。いやあ、日本の天狗にこんな霊力《れいりょく》があるとは、ちょっと思わんかったなあ。

田中角栄は、あれ、霊能者や。あいつ、超能力者《ちょうのうりょくしゃ》やからさあ、〝天狗の団扇《うちわ》〟を持っとったんだよ。こう、団扇で風をあおいだら、本当にいろいろと動いてくるんだよなあ。まあ、こんなのも盟友ではあったがな。

福田はちょっとなあ、これは、「道鏡《どうきょう》（奈良《なら》時代の僧《そう》）」（の生まれ変わり）と言われとるが、過去世《かこぜ》調査をやると、あれ、もしかしたら、秦《しん》の趙高《ちょうこう》とちゃうかなあ？　始皇帝《しこうてい》のときに仕え、秦の始皇帝のあと、二世皇帝の胡亥《こがい》に仕えて、ゴマをすって仕切っとった、趙高ってのがおるやろう？　あれと道鏡は、よう似てるでえ。あれと一緒《いっしょ》かもしらん。あのあたりは、たぶんな。

綾織　そうですか。

大平正芳　だから、あの天狗の強さなあ。山で鍛《きた》えた天狗の強さは、けっこうなものだったなあ。これに、「(人口) 一パーセントの弱小勢力であるキリスト教」が勝てるかっちゅう、あれだわなあ。

「現職総理の急死」はキリスト教的な悲劇性が影響《えいきょう》？

小林　ただ、あのときの選挙は、あまりにも劇的な逆転でしたので、こうしてお話を伺っていますと、あれも、もしかしたら、一種の「神仕組《かみしく》み」と言いますか……。

大平正芳　まあ、そんなのもちょっとはあるけど、現実には、くたびれたというのがあったかなあ。もう、肉体にガタが来たかな。だから、総理をやったら、すぐに死ぬ人も多いよ。

スケジュールが過酷《かこく》やな。もう、一日中、人に会ってるし、出張はあるし、海外にも行くし、選挙もやって、どうせ、国内政治はやらないかんしなあ。

自民党自体は、あれで、「弔《とむら》い合戦《がっせん》」っちゅうかたちになって、大勝利して、復活したんやけども、まあ、やっぱり、キリスト教的な刷り込みがあったんかなあ……。気持ちのなかに、ちょっとだけ悲劇的なものがあったんかなあ。うん、少しあったのかも。

私としては、もうちょっと、「ローマ皇帝」ぐらい頑張りたかったんやけどなあ。「そのくらいは行けたらええなあ」と思うたんやけど、うーん……、日本の宗教事情では、（キリスト教信者の）パーセンテージがちょっと足りんかったんかなあ。

でもなあ、もう一つ言うけど、もちろん、キリスト教だけのためにやったわけじゃないからね。ある意味で、わしにはなあ、君らの「先触《さきぶ》れ」の部分もあると思うんや。君らの「先触れ」な。

マスコミ的な追及《ついきゅう》で自民党を壊《こわ》そうとした三木武夫《みきたけお》は曲者《くせもの》

大平正芳　徳島に、三木《みき》（武夫《たけお》）っていう、また悪いのがおったわね。香川と徳島で、ちょっと苦労した。あれも曲者《くせもの》やったからなあ。癖《くせ》が悪い曲者なんだよ。あれは、もうねえ、権力がないのに〝渡《わた》り鳥〟をして、人の力をうまいこと使って、トントントントンと行くようなあれでなあ。

あの三木さんっていうのは、あれは何と称《しょう》するの？　「ヤジロベエ」じゃないわなあ。

そうだ、そうそう。この前、言うとった小泉《こいずみ》なんかがちょっと似てたよな（『篠《しの》原一《はらはじめ》東大名誉《めいよ》教授「市民の政治学」その後』〔幸福実現党刊〕参照）。党内権力基盤《きばん》がないのに、マスコミのほうに応援《おうえん》をやらしてな。最近、橋下《はしもと》とかいう大阪《おおさか》の市長も、ちょっと、そんなのをまねしようとしてたみたいやけどなあ。

小泉は「自民党をぶっ壊《こわ》す」と言うとったけど、三木も、やっぱり、あんな感じで、自民党をぶっ壊す的なところがあったわな。だから、自民党を社会党にするようなふりもして、「派閥《はばつ》をぶっ壊し、金権政治を潰《つぶ》して、ロッキード問題を追及《ついきゅう》してやる」みたいなところがあった。

だからなあ、あれは売国奴《ばいこくど》やね。本当はな。

〝関ヶ原〟が続く政界で「宗教政治家の時代」を開くには

綾織　先ほど、大平元総理は私たちの「先触れ」だったというお話がありましたが、政治に宗教的精神を打ち立てることについては、非常に苦労をしている部分もあります。

私たちは、これから、本格的な「宗教政治家の時代」をつくっていこうとしているわけですが、もし、その点でアドバイスを頂けるようなことがあればお願いします。

大平正芳　いやあ……。政界はきっついよ。だから、あとで、「宗教はよかったな」って言うかもしらんなあ。

自分たちの世界に籠《こ》もっとるかぎりは、非常に透明感《とうめいかん》があって、言うことをきいてくれて、スーッと意見が通る。だけど、政界っちゅうもんは、もう、ギラギラしたものもあって、〝関ヶ原〟が延々と続いてるような状態だなあ。

綾織　大平元総理は、そのような世界のなかでも信仰《しんこう》を保たれ、ある部分、実際に宗教政治家の一つの原型をつくられたと思いますので、もし、そのあたりの知恵《ちえ》を何か頂けると、ありがたく存じます。

大平正芳　うーん、まあ、わしの場合は、単に、「信仰を持っていた」というだけのことだからええけど、ここ（幸福実現党）は、それを超《こ》えとるからなあ。「生き仏《ぼとけ》」になって、生きているうちに〝仏像〟になってしもうとるからさあ。これまた、マスコミ的に見たら、大変なことやなあ。

だからさあ、君らが、バーミヤンの大仏みたいに、ロケット（砲《ほう》）を撃《う》ち込まれんことを、わしは祈《いの》っとるよ。

小林　そのテーマに関しては、さらに、後半のほうで詳《くわ》しくお訊《き》きしたいと思います。

大平正芳　ああ、そうかい？　うん。

3　経済と外交の未来を開くために

消費税率を上げたら、そのあとのツケは相当に大きい

小林　現在の政策等について、少し詳《くわ》しく質問させていただきたいと思います。先ほどのパート1（本書第1章）では、今の安倍《あべ》政権の問題点や、日本の政治について、結論をズバッと、非常に明快におっしゃっていたのですが、そのなかで一点……。

大平正芳　ウォッホン！

小林　アベノミクスの評価について、お訊《き》きします。

幸福実現党的には、「金融緩和政策《きんゆうかんわせいさく》」と、「未来産業戦略」あるいは「将来ビジョン」がセットだったわけです。つまり、「お金をジャブジャブにしても、そのお金の使い道はきちんと用意するので、経済のパイを大きくし、富を増やしていく道筋をつける」というものだったのですが……。

大平正芳　オホッ！　ウオッハッハッ……（咳込《せきこ》む）。

小林　安倍さんの場合は、前者の金融緩和政策のところだけを「いいとこ取り」し、成長戦略のところがシャビー（shabby／お粗末《そまつ》）と言いますか、不足だと思います。そのアンバランスの部分を、いろいろな人から言われ始めている状況《じょうきょう》です。

大平正芳　あれはねえ、今、財務省とも狸《たぬき》と狐《きつね》の化《ば》かし合いをやっとるところやからさあ。財務省に、「税率を上げたる」みたいなことを見せながら、まだ泳がせてるところがあるやろ？

だけど、ほんまに消費税の税率を上げて、財政再建をやるんやったらさあ、アベノミクスのあとのツケはかなり大きいよ。ほんとに、そうやったらな。

あれには、ほんとは政策的な整合性がないわ。成長戦略で行くなら、それだけで押《お》すべきだと思うよ。「実際に、企業《きぎょう》なり個人なりの収入を増やして、納税額を増やしていただく」というように、国民の善意と誠意を信頼《しんらい》して、それで押していくべきやなあ。

「ちょっと景気がようなったら、増税をかける」っちゅうのは、これはもう、全力でやってるように見せながら、結局、戦力の小出しだわなあ。好景気としては駆《か》け込み需要《じゅよう》的なものにしかならないから、結局は、「虻蜂《あぶはち》取らず」になるね。


東日本大震災《だいしんさい》は、「民主党に対する日本の神様の怒《いか》り」

小林　そうしますと、基本的には、「将来ビジョン、未来産業ビジョンによって、国富を増やしていくことにベースを置く」というお考えでしょうか。
今まで、日銀の政策が陥没《かんぼつ》していたので、そのマイナスをゼロに戻《もど》すための金融政策はとりつつも、やはり、「富、すなわち新たな価値を創出していくところをメインにしてやっていくべきだ」という考え方と理解してよいでしょうか。

大平正芳　だからなあ、民主党の三年余りか？　まあ、政治を官僚《かんりょう》から政治家の手に取り戻して、「政治家のほうで、無駄金《むだがね》を削《けず》る」っちゅうのには、誰《だれ》かが試みなきゃいけない部分はあったから、それはやってもよかったんだけれども、あんな東日本大震災《だいしんさい》が起きたじゃない？　ということはやなあ、「天意は違《ちが》う」ということだよ。
あれだけの震災を起こされたら、もう、大規模の財政出動をせざるをえないじゃないか。「コンクリートをつくるな」とか、「スーパー堤防《ていぼう》をやめる」とか、「ダムをやめる」とか、やってたら、もう全滅《ぜんめつ》じゃん。

あれは、民主党に対して、日本の神様が怒《おこ》ったと見るべきやと思うなあ。日本の神様が怒ったんや、あれは。だから震災が起きたんだと、わしは思うなあ。

だからねえ、「日本っていうのは、まだまだ安定してないぞ」ということや。地震国やし、火山国やから、ほんとは対策なんか立てられへんのや。活断層なんちゅうのは、そんなもん（笑）、もう何億本走っとるか分からんもんだよな。

だから、ほんとは対策なんかでけんのやけど、ただ、民主党がケチケチ路線をやろうとしたとたんに来たからな。中国がずーっと二十年、大発展してきたなかで、ここ（日本）が止まっとったのを見たら、「日本の神様は、これを許可しなかった」というふうに見るべきや。ショック療法《りょうほう》やなあ。「もっとちゃんと発展計画をつくれ」ということやったんやないかなあ。

「経済成長」の意味が分かっていない財務官僚《かんりょう》

大平正芳　そういう意味では、財務省が「財政均衡《きんこう》」を言うのは分かるんやけど、まあ、あれには、「江戸《えど》時代に言うてくれ」というようなところがある。いつの時代でも言えることやからさ。

それはねえ、無理なんだよ。ダルマさん（高橋是清《たかはしこれきよ》）のときは、数億の金を外債《がいさい》で集めるのでも大変だったぐらいの国家予算だったからなあ。それが、もう天文学的な数まで来てるんだからさあ、基本的に、これはバブルと言われたって、実際、バブルだよ。なあ？　数億円の国家予算でやってたのが、今、百兆円近くのごっつい額になってるから、これは、もう天文学的な膨《ふく》れ方だよなあ。

でも、人口がそれだけ増えたわけではないぞ。これは、ＧＤＰの増え方とは関係ないよ。人口は、四、五千万が一億二、三千万になったぐらいだから、これで言やあ、経済成長は三倍以内ぐらいでええわな。だけど、ものすごく増えたわなあ。

これは、やっぱり、「お金が回転していく世の中が、ものすごく大きくなった」っちゅうことやなあ。

これを見落として、単なる緊縮《きんしゅく》財政で、「お父ちゃんの家計の収入は一定やから、やり繰《く》りをやらないかん』っちゅう感覚でやっておるんやったら、もう時代遅《おく》れだろうなあ。おそらくな。

まあ、わしも消費税を考えとった人間ではあるから、あんまり悪うは言えんけども、いやあ、財務官僚《かんりょう》は、基本的に経済成長の意味がよう分かっとらんと思うわ。ああ。

「アジアの盟主」日本、「肥満した後進国」中国

綾織　外交についても少々お伺《うかが》いしたいのですけれども、首相在任中、環《かん》太平洋連帯構想という……。

大平正芳　アアッ！　ハアッ！（咳込む）

綾織　今のＡＰＥＣ《エイペック》（アジア太平洋経済協力）につながるような構想を立てられ、

現在、それが実を結んだかたちになっています。

今、中国が台頭してくるなか、東南アジアと日本の連携《れんけい》が、軍事的なものも含《ふく》めて非常に重要になってきているので、たいへん先見性があられたと思うのですが、今後、そうした外交の部分で構想を立てるとしたら、どういうものが必要でしょうか。

大平正芳　うーんうん。まあ、やっぱり、アジアの盟主は、日本だよ。

だから、ああ、技術的にも、学問的にも、文化的にも、あらゆる面でアジアをリードできるものがなければいかんと思うな。

まあ、中国は、図体《ずうたい》が大きく見えても、教えるべきものはほとんどないと思うよ。内容的に見れば、後《おく》れとるわな。だから、後進国だよ。後進国。もう肥満した後進国。あれは大きいけど、ただの肥満や。

だから、肥満した後進国なんで、これは、やっぱり、技術的にも、もっともっと、いろんな差をつけていかないかんわなあ。

あとは、教育的にも、アメリカっていうモデルがちょっと小さくなってきたんでなあ、新しい道を拓《ひら》かないかん。うーん。

これが、あんたがたの仕事なんじゃないのかなあ。未来を先取りして、その方向を示すのが、仕事なんじゃないかなあ。アメリカには、未来がよく見えとらんわなあ。

4　改めて「過去の転生《てんしょう》」を訊《き》く

「唯円《ゆいえん》が過去世《かこぜ》」と言われるのは不本意？

小林　未来については、後半でお訊《き》きしたいと思います。

先ほどの霊言《れいげん》収録後、大川総裁は、「マタイ等の過去世《かこぜ》から見ると、今、世界各地で、宗教を絡《から》めての政治活動が起きているので、この人は、何かにかかわってくるかもしれない」という趣旨《しゅし》のコメントをされました。

その部分を詳《つまび》らかにする意味で、マタイ以外の過去世について教えていただけないでしょうか。

先ほど、例えば、ローマ法王の過去世について、名前を明かさずに立場だけを教えていただいたのですが、未来の可能性を知る意味で、もし、名前を明かしていただけるものがあればお願いしたいと思います。

大平正芳　まあ、ローマ法王は、ある種、西洋の天皇制やからねえ。うーん。今のローマ法王はあんまり好きでないなあ。どうも、単なる選挙で選ばれてるみたいで、なんか、宗教性が低いわなあ。

小林　では、中世のころか、もっと昔の時代の方でしょうか。

大平正芳　うーん。まあ……。

綾織　『黄金の法』では、「マタイは親鸞《しんらん》の弟子《でし》・唯円《ゆいえん》として転生《てんしょう》している」ということが書かれていますが、それは間違《まちが》いないのでしょうか。

大平正芳　唯円ねえ。ああ、そんなもんが……。仏縁《ぶつえん》のう。唯円……。うーん？　ちょっと、わしを低う見たかのう。まあ、いいか。

綾織　低いですか。

大平正芳　唯円って、あんまり偉《えら》あなさそうやないか。まあ、わしらの時代には、倉田百三《くらたひゃくぞう》の『出家《しゅっけ》とその弟子』で、そんなんが出てきたから、知っとる人もおるかもしらんけど、現代人はあんまり知らんのとちゃうかなあ。

綾織　唯円は、親鸞の名を世に知らしめたと思うのですが。

大平正芳　うーん、いやあ……。そういう位置関係は、もう一丁だなあ。

綾織　そうですか。分かりました。

ローマ法王だったときに異端審問《いたんしんもん》などはしていない

小林　それでは、逆に……。

大平正芳　ええ？　ああ？

小林　グローバルに、世界に目を転じますと、キリスト教の世界や、それに関連した政治の世界において、非常に活躍《かつやく》されていたような印象を受けますので、西洋系の転生で、ほかにお聴《き》かせいただけるものがあれば、お教えください。

大平正芳　うーん。まあ、ローマ法王も凡人《ぼんじん》の歴史ではあるんでね。歴代の天皇に、そんな傑出《けっしゅつ》した人がいないのと同じで、ほとんど凡人の歴史であるので、〝あれ〟やけど……。

まあ、わしは、そんなに異端審問《いたんしんもん》で焼き殺したりはしてないからな。うん。それは言うておきたいなあ。どっちかいうと、平和裡《り》にキリスト教が広がった時代には、まあ、おったような気はするけどなあ。

ああいう極端な異端審問で、火あぶりにしたようなやつらは、ローマ法王といえども、悪魔《あくま》は入っとるように思うからなあ。全部、まあ、血統制でも何でもないので、そういうのは、あることはあるわなあ。

小林　もし、キリスト教の立場として、過去世を明かしにくいようであれば、政治家等の過去世でも結構です。

大平正芳　うーん……。まあ……。うーん、あんまりなあ、君らの印象がもう一丁なあ。あんまり尊敬してないでしょう？　そんなもん。

小林　いえいえ。マタイ様というのは、たいへん尊敬しておりますので……。

大平正芳　ああ？　ああ、ああ……。

小林　「なるほど」という感じでした。

大平正芳　いやあ、別に、弟子っていうことやから、大したことはないけどさあ。やっぱり、パウロの後塵《こうじん》を拝したみたいな言い方は、ちょっとだけ癪《しゃく》に障《さわ》ったが、まあ、「偉あにしてもろうた」っちゅうんやったら分かるけどなあ。

十字軍に「聖地奪回《だっかい》」の〝詔《みことのり》〟を出したローマ法王

大平正芳　まあ、（ローマ法王は）ペテロから、あと、順番で来ていたことになってはおるけれども、キリスト教が地球の半分ぐらいまで広がるには、けっこう苦労しとるわなあ。

だからまあ、大航海時代とかなあ、あのあたりの、イエズス会ができたりしたような時代とかにも、けっこう力はあったわなあ。あのころにもなあ。

そんなあたりに、キリスト教の一つの盛り上がりはあったし、あと、十字軍のときもなあ……。

イスラムがエルサレムを取りに来るでなあ。あれは、やっぱり、ちょっと問題やからなあ。いや、十字軍のときは、さすがに、「聖地奪回《だっかい》をせないかん」と思うたことはあるわなあ。そういうことで、正統性っちゅうかなあ、〝詔《みことのり》〟を出したことがあるような気はするなあ。

だから、わしは、十字軍に、「奪回せよ」と言って、命令を出したような気持ちがあるなあ。

小林　第一回十字軍のときでございますか。

大平正芳　うーん……。まあ、日本人はキリスト教を知らんから、言うてもしょうがないんや。もう、ほんと知らんからさあ。

小林　分かりました。ありがとうございます。

大平正芳　いや、君のほうが、よっぽど有名や。日本を滅《ほろ》ぼそうとした男やろ？

小林　それは今日のメインテーマではございませんので（会場笑）。

大平正芳　うーん。ああ。

5　「世界伝道」へのアドバイス

「指導霊《しどうれい》の一人」としてイエスを使う幸福の科学の〝贅沢《ぜいたく》さ〟

小林　今、イスラムの話も少し出ましたけれども、幸福の科学も、世界に向けて伝道していくに際して、キリスト教世界とも接触《せっしょく》がすでに始まっております。

そういうワールド・ミッションと言いますか、世界伝道に関して、私たちに何かアドバイスを頂けたら、ありがたく思います。

大平正芳　いやあねえ、（世界伝道の）比重は、もっともっと重くなるよ。世界に出るんだったら、やっぱり、キリスト教に乗らないといけない。先進国は、ほとんどキリスト教国だからねえ。

まあ、あと、イスラム教にどう対処するかが、今後、大きな問題として出てくるだろうとは思う。

この「イスラム教対キリスト教」の争いは、今、アメリカでも派手にやっとるからさあ、最後、これにどうやってけじめをつけるか、問題は大きいわなあ。

これから、イスラム教国は、もう殺し合いや。これにキリスト教がどこまで噛《か》み込《こ》んでくるか。もう大変やろうな。だから、殺し合いに飽《あ》き飽きするだろうねえ。

そういう意味で、新しい宗教を求める動きは出てくる。「イスラム教やキリスト教にもええものはあるんだけども、ちょっと古うなりすぎたから、「新しい教えの下《もと》に集まりませんか」ということで、話を取りまとめていかないかんわなあ。

だから、その意味では、あんたがたの宗教は、とっても大きな可能性を持っとる。イエスが出るだけでも大変なことだけども、イエスを指導霊《しどうれい》の一人に使ってるっちゅうこの贅沢《ぜいたく》さは、何とも言えんわなあ。贅沢や。もうローマ法王が泣くよ、ほんとなあ。「これはないだろう」っちゅうてなあ。

綾織　その事実を、はっきりと認識《にんしき》しておられますので……。

大平正芳　そうよお。ここのおやっさんの仲間だからさあ（注。大川隆法の実父・善川三朗《よしかわさぶろう》の過去世《かこぜ》は、イエスの十二弟子《でし》のマルコ）。

綾織　はい（笑）。

大平正芳　うーん、仲間がいるんだ。

イエスが祈《いの》っていた「主なる神」が日本に降臨している

小林　キリスト教に籍《せき》を置きながら、イエスの位置づけについて、そういう認識を持っておられる方は、必ずしも多いわけではありませんので、やはり、何か仏縁《ぶつえん》と言いますか、エル・カンターレとのご縁も、どこかでおありだったのではないでしょうか。

大平正芳　そらあ、わしは、イエスが祈《いの》ったり、話したりしてるところを目撃《もくげき》しとるからさあ。まあ、今の君らみたいな立場かな。うーん。そうかもしらんけど、（イエスは）主なる神に、よく祈っておったわなあ。

だから、キリスト教的にはだなあ、そうは言っても、まあ、「ヨハネの黙示録《もくしろく》」は、さすがに陰険《いんけん》ではあるけれども、「最後の日に、光る雲に乗って、救い主が来なければいかん」っていうのは、やっぱり、クリスチャンの希望の原理だわなあ。

「そのときが近づいているから、われわれが出ている」ということなんじゃないか。だから、中国の習近平《しゅうきんぺい》も、とっても悔《くや》しがっとると思うけども、「日本っていうこんなちっぽけな国が、何でこんなに難しいんだろう」と、あっちから見りゃあ、そう思うわなあ。

綾織　まさに、主なる神が日本に降臨されているわけですが、この事実を、特に、キリスト教圏《けん》で最大のアメリカの人たちに素直《すなお》に認識してもらうには、何が鍵《かぎ》となるでしょうか。今はまだ、いろいろな障害があるわけですけれども。

大平正芳　まあ、いけるんじゃないか。黒人の大統領がとうとう出たんやからさあ、もう、〝イエロー〟でも大丈夫《だいじょうぶ》だよ。

6　先の大戦をどう見るか

自称《じしょう》「アメリカの神」F・ルーズベルトは〝ニーチェの弟子《でし》〟？

小林　先般《せんぱん》、トルーマン元大統領とフランクリン・ルーズベルト元大統領をお呼びしたところ……（『原爆《げんばく》投下は人類への罪か？』〔幸福実現党刊〕参照）。

大平正芳　うーん……、ああ、そう。

小林　トルーマン元大統領のほうは、非常に懺悔《ざんげ》をされていました。

一方、ルーズベルト元大統領のほうは、どちらかというと、ディベートを仕掛《しか》けてきて、スルスルスルッと逃《に》げていったような印象が強かったのですが、そのなかで、「自分は『アメリカの神』であり、イエスは、弱くて、小さな神だ」というコメントを昂然《こうぜん》とされていました。

大平正芳　ああ、それはもう、「フランクリン・ルーズベルトは、〝ニーチェの弟子《でし》〟だ」っちゅうことやろうなあ。

小林　そして、原爆投下を、事実上、正当化する方向に、ロジック（論理）を組み立てていったのです。

大平正芳　「イエスは、原爆になんか勝てんだろう」と、まあ、そういうことやろう？　なあ。

小林　ええ。

大平正芳　戦争指揮官として見りゃあ、あのローマの威張《いば》っとったのと同じ気分だろうなあ。ユダヤ教徒なんちゅうのは、ローマの騎馬隊《きばたい》にかかったら、もう一蹴《いっしゅう》だよな。そんな気分なんだろうと思うよ。だから、「強いほうが偉《えら》い」と思うとるんだろう。

ただなあ、この世で大きい者は、あの世で小さくなるんや。この世で小さい者は、あの世で大きくなるんや。これは、キリスト教の教えでもあるし、ほかの宗教でも、まあ、似たような教えは多々あるわなあ。

だから、この世で最大の権力者と思うたら、それが、最低の権力者でもあるんや。「ルーズベルトはアメリカの神や」とまだ思うとるんやったら、イエスに意見を訊《き》いてもええかもしらんなあ。

「国際連盟による世界平和」を指導していたイエス

大平正芳　イエスは、その前のウィルソンのころの、国際連盟のころから、指導に入ってたと思うけども……。

小林　あ、そうですか。

大平正芳　うーん。指導に入ってたと思う。イエス自身は、アメリカに対して、戦いに出ない方向で指導してたはずなんだ。

小林　それは、かなり大きなご発言ですね。

大平正芳　大きいですかあ。

小林　ええ。歴史的に、すごく大きなご発言です。

大平正芳　だから、こう、アメリカの孤立《こりつ》主義っていうのがあったし、ウィルソンは国際連盟をつくろうとしてて、まあ、あんまり成功はしなかったのかもしらんけども、国際連盟そのものはできた。

イエスは、ああいうふうに、「国の連合で話し合って、世界を平和裡《り》に統治していけ」っていう方針を出していたので、「原爆を使ってでも世界の覇者《はしゃ》になりたい」と思った政治家と、イエスとでは、考えが違《ちが》うわな。

小林　そうですね。ある意味で、ウィルソン的なものを引っ繰《く》り返していったのがルーズベルトだったわけです。

大平正芳　そう。そうだわなあ。それも、面従腹背《めんじゅうふくはい》というか、もう、羊の皮をかぶったオオカミで、中身は違ったわなあ。
だから、まあ、ああいう複雑な人は、ちょっと問題はあるわなあ。

「イエスの意向」と違《ちが》う動きをしていたＦ・ルーズベルト

小林　今のご指摘《してき》は、たいへん重要な論点を含《ふく》んでいると思います。今のイエス様のお考えを伺《うかが》っておりますと、西洋のほうで、先の第二次世界大戦に関する、ルーズベルト的な動き、チャーチル的な動きとは別に、もう一段、大きな視点での計画が並行《へいこう》して進んでいたようにも思えるのですが。

大平正芳　うん。

小林　そのように理解してよろしいわけですか。

大平正芳　まあ、公平のために言っとくとすると、チャーチルは今、幸福の科学を応援《おうえん》してるからね。君らが勝てるように、「どうしたらいいか」を考えてくれてるみたいなので、まあ、あんまり悪口は言わんほうがええとは思う。たぶん、どっかで縁《えん》のある人なんやろうとは思うけどねえ。

やっぱり、あれ（F・ルーズベルト）は、アメリカの大統領と言うても、中国人の昔の意識がけっこうあったんかもしらんから（注。ルーズベルトの過去世《かこぜ》は古代中国の舜《しゅん》、漢の武帝《ぶてい》。前掲《ぜんけい》『黄金の法』『原爆投下は人類への罪か？』参照）、日本が倭寇《わこう》に見えとったんじゃないのかなあ。うん。そんな感じかなあ。だから、イエスの意向とは違うかった。

小林　ああ、そうですか。

大平正芳　イエスは、「アメリカを、ヨーロッパと日本の二正面作戦で戦わせて、世界の覇者にし、軍事大国として、イギリスに代わって『七つの海』を支配させる」とは考えていなくて、もうちょっと、国際連盟的なもので解決していくほうを模索《もさく》するように、一生懸命《いっしょうけんめい》、指導しておった。

まあ、（F・ルーズベルトは）それを破ってきたっちゅうとこかな。

ウィルソン元大統領は「イエスの弟子《でし》」の一人

綾織　そうすると、「ウィルソンとF・ルーズベルトのどちらが高い世界に還《かえ》っているか」というのは非常に難しいわけですね。

大平正芳　うん。ウィルソンは、イエスの弟子《でし》なんじゃないの？

綾織　あっ！　そうですか。

大平正芳　うんうん。

小林　ほおー。

綾織　それは、宗教的な意味でも……。

大平正芳　宗教的な意味で、弟子だと思うよ。

綾織　あっ、そうですか。ほお！

大平正芳　うーん。

綾織　では、キリスト教の魂《たましい》として、ずっと転生《てんしょう》されている方なのでしょうか。

大平正芳　そこまでは、よう知らんけども、ウィルソン自身はイエスの僕《しもべ》だったと思うよ。

小林　そうですか。

大平正芳　うーん。

もしアメリカが戦わなければ東西の盟主になった日本とドイツ

小林　これは、かなり大きな話ですね。

そうすると、オルターナティブ（代案）というか、別の歴史の可能性があったわけですね？

大平正芳　それはあってあってよ。だから、「もし、フランクリン・ルーズベルトが、国是《こくぜ》どおり、『アメリカは戦わない』という主義を守ってたら、歴史はどうなったか」という、もう一つの〝あれ〟があるわなあ。

小林　ええ。

大平正芳　どうなったかというと、うーん……、まあ、一つは、日本がアジアの盟主であったことは間違いないわなあ。

もう一つは、ヨーロッパの盟主はドイツだった。これも、ほぼ間違いない。そして、ソ連という共産主義による全体主義国家が、あそこまで行かなかったことは事実だわなあ。

ヒトラーは、確かに、最後はちょっと気が狂《くる》うたのかもしらんけども、いずれ暗殺される運命にあったような気はしますけどね。だから、まあ、イギリスっていう国を潰《つぶ》すところまでは考えてなかったとは思うんだけどねえ。

「ユダヤ人虐殺《ぎゃくさつ》は武士道にもとる」と考えた日本

大平正芳　日本人はさあ、ヒトラーの「ユダヤ人皆殺《みなごろ》し政策」には賛成してなかったよ。

小林　はい。

大平正芳　そういう人種差別的な考え方に、日本は公式に反対していたし、ユダヤ人たちを逃《のが》すために、一生懸命、頑張《がんば》ったよなあ。

小林　あちこちで、逃していました。

大平正芳　千畝《ちうね》さん（杉原《すぎはら》千畝）も、一生懸命、力のかぎり、ビザを発行してなあ。うーん、もう、いやあ、涙《なみだ》が出るよなあ。一生懸命、助けようとしたわな。ユダヤ人たちは、いまだに、それを忘れてないわ。

日独協定は結んどったけども、「人道主義に反する」っちゅうことに対して、日本人は明確に認識《にんしき》していた。

このへんを、やっぱり、もうちょっと歴史的に正当に理解してもらわないといかんわなあ。日本の当時の考えは、武士道が中心かもしらんけども、軍事的に同盟国でありながら、「ユダヤ人の大虐殺《だいぎゃくさつ》は、武士道にもとる」と見てたわけよ。「抵抗《ていこう》もできない人たちを追い詰《つ》めて、財産も巻き上げて、裸《はだか》にし、ガス室に送る」なんていうようなことは、日本人には、とてもじゃないけど考えられないことだったわけで、（ヒトラーは）武士道にもとることをやっていた。

ただ、ドイツの科学技術的なところの進化については、ある程度、信頼《しんらい》してた面もあったけどねえ。

だから、まあ、「防共協定自体に一定の意味はあったのかな」と私も思うんだけどねえ。戦後の、あの苦しみを考えれば、防共協定を結んだこと自体には、一定の意味があったんじゃないかと思うんだが、踏《ふ》み外したのかなあ。まあ、そんな感じはするなあ。

「戦後の総括《そうかつ》」が必要なのは、日本人でなく中国人

小林　そうしますと、太平元首相の目からご覧になって、つまり、「西洋的なキリスト教の視点を持っておられる」という意味で質問させていただいているのですけれども、先の大東亜《だいとうあ》戦争といいますか、太平洋戦争については、「単純な侵略《しんりゃく》戦争ではない」というコンヤンサスがだんだん形成されつつあるかと思うのですが……。

大平正芳　うん、うーん。

小林　その次の段階として、「ある種の覇権戦争ではあったのだろう」というのが一つの仮説といいますか、定説であるのですが、そのあたりは、どのように見ておられますでしょうか。

大平正芳　うーん……。

小林　「あの戦争は、いったい何だったのか」、あるいは、「あの戦争における正義は、何だったのか」というところに関して……。

大平正芳　だからねえ、中国には、もう一度、歴史認識を改めてもらわないといけないんじゃないかねえ。

彼らは、「棚《たな》からぼた餅《もち》」でないかねえ。アメリカを参戦させることができたことによって、「棚ぼた」だわなあ。実際上なあ。「棚ぼた式に勝利が転がり込《こ》んできて、国家までできてしまった」っていうところはあるわな。

でも、その後、彼らが同胞《どうほう》をいっぱい抹殺《まっさつ》して、隣国《りんごく》の他の民族への侵略をいっぱい繰り返して、情報を隠蔽《いんぺい》してやってるのを見たら、基本的に、「これは、神の心に適《かな》った国家ではなかった」と思えるなあ。

「中国人民は、全員死ぬべきだ」なんていうことを私は言ってるわけじゃあないけどもね。彼らに、やっぱり、自由な知識と情報を与《あた》えた上で判断することを教えないといけないと思うよな。

華僑《かきょう》を見ても分かるとおり、中国人は、もともと、とっても商売の上手な国民性を持ってる人たちだから、政治がよければ、経済的にも素晴《すば》らしく発展したはずだわなあ。

だけど、毛沢東《もうたくとう》のおかげで、その発展を止められて、先軍《せんぐん》政治をやられて反逆者がいっぱい殺されていって、文化的にも統一されて孔子《こうし》や孟子《もうし》らの教えまで、あるいは、その他のものもいっぱい弾圧《だんあつ》されたので、まあ、ひどい国だったと思うよ。だから、戦後の総括《そうかつ》をせないかんのは、日本人でなくて中国人だ。彼らは、絶対、戦後総括をすべきだ。

第三者の目で見るべき「朝鮮《ちょうせん》半島の主体性のない歴史」

大平正芳　また、朝鮮《ちょうせん》半島にあってはだなあ、やっぱり、自分たちの歴史を、もう一回、第三者の目で見るべきだねえ。

小林　はい。それは、まったくそのとおりだと思います。

大平正芳　これはねえ、ほんとに主体性のない歴史だった。もう今もやってるわなあ。

小林　はい。

大平正芳　今も韓国《かんこく》の大統領は、いったい、どこに向かって尻尾《しっぽ》を振《ふ》っとるのか分からん。なあ？

綾織　ええ。

「日本人を卑怯者《ひきょうもの》にして叩《たた》き潰《つぶ》せ」がＦ・ルーズベルトの教え

綾織　歴史の見直しについて言うと、やはり、アメリカのところも非常に大事です。先ほどから、ウィルソンやＦ・ルーズベルトのお話が出ていますけれども、Ｆ・ルーズベルト大統領の位置づけは、本当にアメリカの正統なところから出てきているものなのでしょうか。実は、もう少し違うものなのではありませんか。

大平正芳　もちろん、アメリカ人もたくさんいるからね。まあ、それは、よいものが多かったのは事実だよ。うーん、それは否定しない。

ああ、ただ、今の、あの銃《じゅう》社会、麻薬《まやく》社会、犯罪社会を見るかぎり、やっぱり、あちらも、果実に少し問題があると言わざるをえないわなあ。日本に住んでる者《もん》から見たら、「みんなが銃で守らないといかん」っていうのは、ちょっとおかしい社会だわなあ。

だから、それは、「根本《こんぽん》にある思想のなかに、何か問題があるんでないか」っていうことを、やっぱり……。

綾織　F・ルーズベルトを「アメリカの神」としてよいものなのでしょうか。

大平正芳　うーん……。

綾織　ご本人は、そうおっしゃっているわけですけれども。

大平正芳　まあ、そらあ、「強けりゃ神だ」って言う軍神みたいな人はいるのかもしらんけども、私の感じからすると、神ならば教えを説かないかんわなあ。うーん。教えをなあ。

「ルーズベルトの説いた教えは、いったい何だったのか」ということだが、「日本人を卑怯者《ひきょうもの》にして叩《たた》き潰《つぶ》せ」という教えだわなあ。

大東亜《だいとうあ》戦争の思想には「神の考え」が入っていた

大平正芳　まあ、「日本が侵略した」と言うが、フィリピンまで取っとったのは、アメリカだろうが。

小林　そうですね。

大平正芳　「アメリカとフィリピンの距離《きょり》」と「日本とフィリピンの距離」を考えてみたら、フィリピンがアメリカのものっていうのは、どう言ったって納得《なっとく》はいかんわなあ。

小林　しかも、かなりひどい取り方をしました。

大平正芳　ねえ。

だから、日本軍が、フィリピンから米軍を追い散らかして、マッカーサーを負かして逃走《とうそう》させたときには、ほんとの解放戦争だったし、インドネシアだって、日本軍が入らなかったら、独立は無理だったと思うよ。

インドも、結局、そう言ったって、イギリスみたいな小さな国に百年近く支配されてたけど、やっぱり、日本に英国がビルマでやられ、それから、マレーシア、シンガポールと、いろんなところで負け続けたのを見て勇気が出たところはあるからね。

まあ、完全な義戦っていうのはないかもしらんけども、基本的に大東亜《だいとうあ》戦争の思想のなかには、「神の考え」が入ってるんじゃないかね。うーん、私はそう思うなあ。

F・ルーズベルトは本質的に習近平《しゅうきんぺい》と同じタイプ

綾織　今まで明らかになっているところでは、「ルーズベルトは如来《にょらい》」という見方があるのですけれども、そういう高い世界におられるのでしょうか（前掲『黄金の法』参照）。

大平正芳　まあ、〝アメリカ如来〟なんだろうなあ。

綾織　アメリカの霊界《れいかい》……。

大平正芳　〝アメリカ如来〟だ。あれから言やあ、リンカンも弱いんだろ？

綾織　はい。そう言っていました。

大平正芳　とっても弱い大統領なんだろ？　悩《なや》んだり苦しんだりして神に祈《いの》っとるリンカンは、とっても弱い大統領なんだろ？

だから、あれ（F・ルーズベルト）は、「自分が最強だ」とおっしゃりたいのかもしれんけどねえ。でも、たぶん、もともとは、習近平《しゅうきんぺい》みたいな男なんじゃないかね。本質的には、きっと、あんなタイプの男だよ。

綾織　高い世界ではあるのですか。

大平正芳　うーん、まあ、そういう見方もあるのかもしらんが、宗教系の人は友達になってくれないタイプだとは思うね。

三百万の英霊《えいれい》が「英雄《えいゆう》」になれなかった理由

大平正芳　まあ、戦《いくさ》系も不思議なんだが、「人を少なく殺せば地獄《じごく》へ行き、たくさん殺せば英雄《えいゆう》になる」っちゅう理屈《りくつ》は、非常に難しい。人をたくさん殺した場合でも、「世界史をよい方向につくった」とか、「その国の歴史をよい方向につくった」とかいうことがあれば、英雄になるわけだ。

明治維新《いしん》だって、結局、人が死んでないわけじゃないからねえ。だけど、「結果に対して、喜んでいる人が多かった」ということが、まあ、肯定《こうてい》されるわなあ。

だから、わしはねえ、あのー、ちょっと、昭和天皇の教祖性が足りなかったような気がするなあ。つまり、三百万の英霊《えいれい》も、「アジアを解放するために戦った」ということを認めてやったら、彼らは英雄になれたんだよ。だけども、「A級戦犯《せんぱん》を靖国《やすくに》に祀《まつ》った」ということで、天皇も行かなくなったわなあ。

まあ、そのへんのところは、ちょっと難しいところではあるんだけどね。

中国は「核兵器《かくへいき》を使いたくてしょうがない」

大平正芳　今は昔の時代と比べて、兵器の性能が全然違ってきてるんでなあ。これがねえ、何と言うべきか、実に分からない。だから、善悪を抜《ぬ》きにしてな。ああ、もし北朝鮮が、核《かく》ミサイルを有効的に使えるレベルになった場合、本気で日本人を殺そうと思えば殺せるわけやからねえ。

これに対して、君らが持ってる抵抗力はほとんどないわなあ。アメリカにおすがりする以外に、もう何にもないわね。

もし、中国が北朝鮮のほうをかばいに入った場合、君らは、「いったい何ができるのか」ということを考えてみたらいい。今度、中国の核兵器も相手にしなきゃいけなかったときに、黙《だま》らされることになるわなあ。

中国と北朝鮮の腹の底は黒い。とても黒いし、今、中国が（北朝鮮を）制裁してるように見せてるのを頼《たよ》りにしとるなら、「間違ってる」と思うなあ。

小林　そうですね。

大平正芳　アメリカのトルーマンは核兵器を落とした責任を感じて、今、苦しんでいるかもしらんけども（前掲『原爆投下は人類への罪か？』参照）、中国はまだ核兵器を使ってないから、使いたくてしょうがないだろうなあ。ほんとはね。

だから、国内の経済が悪くなっていったときに、その軍事的な強さを誇示《こじ》したくなる指導者が出るのは、とても危険ではあるわなあ。

7　中国に関する「もう一つの選択肢《せんたくし》」

「アメリカの殲滅《せんめつ》」まで考えている中国の指導者

小林　そうしますと、大平元首相のいらした自民党の宏池会《こうちかい》系の方には、いわゆるハト派が多いのですが、そういった後進の人たちに対しては、やはり、「今の時代性をよく見据《みす》えて、国防力の強化をきっちりやっていかないといけない」と……。

大平正芳　いやあ、別の戦いもあるよ。中国の民主化をやってしまえば、たぶん、帝国《ていこく》主義的な侵略《しんりゃく》戦争はやらないけども、少なくとも、今の中国の主席は、そのつもりだから、アメリカと世界を二分する気でおる。これは、第一段階で、第二段階は「アメリカに勝つこと」を考えとるからねえ。これは、彼だけでなくて、彼を支えている政治局委員たちも、今、同じ考えを持っておる。

この考えは、先の大東亜共栄圏《だいとうあきょうえいけん》の〝改訂版《かいていばん》〟にすぎないね。「日本が太平洋を治めるのは悪かったけども、中国が治めるのなら、全然問題がない」と、まあ、こういうふうに、彼らは思うとるわけだわな。

歴史的にも、文化的にも、五千年の歴史がある中国は、アジアを治め、アフリカまで手を伸《の》ばし、オセアニアにも手を伸ばし、実は南米にも手を伸ばして、アメリカを孤立《こりつ》させ、最後は殲滅《せんめつ》するところまで考えていると思うけども、まあ、そうは問屋《とんや》が卸《おろ》さんだろうねえ。

「偉大《いだい》な思想的リーダーが人々を啓蒙《けいもう》する」という選択肢《せんたくし》

大平正芳　だから、「（中国と）戦火を交えることになるか、他の方法があるか」っちゅう戦いにはなるけれども、もう一つの選択肢《せんたくし》がある。つまり、昔、二千五百年前ぐらいには偉大《いだい》な人がいっぱい世界中で出たけど、「今の時代に、そうした偉大な思想的リーダーが出ることで、人々を啓蒙《けいもう》する」っていう考え方もあるわねえ。

君らは、マルクス主義の根底も引っ繰《く》り返しに入っておるし、政教分離《ぶんり》以前の政治のあり方についても語っておるし、新しい創世記も語っているから、これに影響《えいきょう》される人は増えてくると思うねえ。

まあ、君たちは、軍事主導でやるのが、そんなに得意ではないかもしれないとは思うし、ああ……、わしの本なんか売れるかどうかは知らんけれども、幸福の科学出版さんに、もうちょっと売ってもらって、海外の支部精舎《しょうじゃ》をたくさん建てて、今の日本の新しい思想をどんどん植え付けて広げていって、中華《ちゅうか》思想で染め上げられないようにやらないかんわねえ。これは〝ワクチン〟だからねえ。

やっぱり、軍事的な政治指導者っていうのは、実に怖《こわ》いものがある。ほんとに人類の半分ぐらいを殺しかねないようなところがどうしてもあるんでねえ。

だから、これ（幸福の科学）、狙《ねら》われてはいると思うねえ。（中国の）最終的な敵は、君らなのかもしれないと思うが、日本のマスコミが何て言うかなあ。はっきり言って、向こうを助けとるからなあ。うーん、まあ、これは問題が大きいわなあ。

マスコミが不正を暴《あば》けない中国に大権は与《あた》えられない

大平正芳　でも、もう中国に正当性はないよ。

まあ、「人口が多いから、食料とエネルギーが要《い》る」ということで、世界各国を荒《あ》らしにいこうとしとるけど、あれは、イナゴの大群だな。食料が足りなくなったら、あの自治区の人たちを殺し始める可能性はあるなあ。たぶんなあ。うんうん。だから、ユダヤ人の皆殺《みなごろ》しなんか小さいほうで、丸ごと消されても分からへんわなあ。まあ、怖い国やと思うなあ。

ああ、宏池会は平和主義やって？　まあ、そういうところもあるけども、いろんな考えがあるからなあ。うーん、私らのころは、日中国交回復で、私も外務大臣をやっておったからねえ。

あれも、アメリカが中国に急速接近したから、日本だけ放っとかれるわけにはいかんからなあ。

綾織　時代が変わりましたので。

大平正芳　うーん。そらあ、そう言ってもなあ、放っとかれる……。ただ、中国は、基本的に農業国だったからね。だから、日本がＯＤＡをやったりして、中国のインフラを助けてやったら、金を横流ししてさあ、軍事に使ったり、アフリカを買いあさったりするのに使った。そういうことをまったく暴《あば》くこともできないマスコミしかいない中国に大権を与《あた》えることは、やっぱり、基本的にはできないわなあ。

だから、やっぱり、まあ、あれを「秦《しん》の始皇帝《しこうてい》」と見て、反乱が起きてくれんと困りますなあ。うーん。

綾織　はい。その意味でも、私たちは宗教と政治の両輪で努力していきたいと思います。

大平正芳　ああ、日本の首相はなあ、任期が短《みじこ》うて大した仕事ができんのだなあ。ほんとなあ。うーん。ほんまにもう……。

いや、国民投票だって危険だよ。君らは、そう言うけどさあ。大平よりは、そらあ、ＡＫＢのトップのほうに票が入るかもしらん。ああ、それもまずいよ。

綾織　幸福実現党として頑張《がんば》ってまいりますので、ぜひ、今後も、さまざまなアドバイスやご支援《しえん》を頂ければありがたいと思います。

8 「世界を束ねるキリスト」の出現

思想は一つの〝麦〟であり、大きく成長して世界に広がるもの

大平正芳　俺《おれ》はねえ、だからさあ、俺が認識《にんしき》してることは、うーん、まあ、「キリスト教で考えていた『未来の救世主の到来《とうらい》の国』というのが、今、来ようとしている」と考えている。

それは、「キリストの再臨」と言われているけれども、現実には、ユダヤに生まれたキリストを超《こ》えた「世界を束ねるキリスト」だと思う。

だから、あのー、ウィルソン時代の国際連盟において、世界を何とか平和裡《り》に持っていこうとしたにもかかわらず、第一次大戦、第二次大戦、その他、すごい争いがいっぱい続いてきたことに対して、キリストの苦悩《くのう》はあるように思うけれども、

今、君らが、現実社会も含《ふく》めて、大きな改革路線を引こうとしているんだと思う。まあ、思想っていうのは、一つの〝麦〟だよ。一つの〝麦〟だけども、いずれ、それは大きく成長して広がっていくもんだよ。世界に広がっていくからさあ。君らには無力感があるかもしらん。「アーウー宰相《さいしょう》」の霊言《れいげん》ぐらい出したって、まあ、ほんの二、三万人も読んだら、もう、それで忘れられると思うとるかもしらんけれども、そのなかの一部はだなあ、やっぱり世界にいろんなかたちで広がっていくんだなあ。

イエスを処刑《しょけい》させたユダヤ人の子孫にふりかかった「呪《のろ》い」

大平正芳　まあ、はっきり言って、ヒトラーは、ちょっとやりすぎたけど、戦国武将として考えれば、まあ、あのくらい侵攻《しんこう》することもありえたかなあとは思う。だけども、ユダヤ人に対する迫害《はくがい》は、ちょっと度が過ぎたかなあ。

ただ、宗教的に見れば、イエスを処刑《しょけい》するときに、ローマの総督《そうとく》が、「責任は取れない」ということで、「ローマの法によっては裁かん。ユダヤの法で裁け」と確かに言うたわなあ。それで、ユダヤ人たちに引き渡《わた》して、ユダヤ人の自己判断により、イエスを処刑させた。

イエスは、全員一致《いっち》で処刑になったからなあ。強盗《ごうとう》のほうは放してな。そして、ユダヤ人たちが、「われらの子孫に、その呪《のろ》いがかかっても構わん」と言ったことまで、ちゃんと『聖書』に書いてある。これが成就《じょうじゅ》したわけであるからして、まあ、その意味では、ヒトラーは悪魔《あくま》ではあるが、その彼に「神の駒《こま》の一つであった」という面もないわけではないわなあ。

だから、まあ、それを思うなら、イスラエルは核《かく》武装してるかもしらんけれども、アラブ人の皆殺《みなごろ》しのようなことをせんように、努力したほうがええと思う。ああ、復讐《ふくしゅう》で、そういうことができると思わんほうがええなあ。

綾織　はい。

アメリカと中国に「考え方の多様性」を与《あた》える伝道を

綾織　本日は、さまざまな歴史上の秘密を明かしてくださいまして、ありがとうございます。これからの私たちのビジョンも獲得《かくとく》することができました。

大平正芳　君たちの基本の教えは「愛」なんだろ?

綾織　はい。

大平正芳　なあ。愛を説いてるんだろ?　まあ、この愛のところは難しいんだな。鳩山《はとやま》だって、「友愛」を説いておったんだなあ。「太平洋を友愛の海にする」と言っておったんだけど、友愛の海にするところが沈没《ちんぼつ》してしもうたからさあ。実に、愛の思想っていうのは、現実の政治において無力感が伴《ともな》うから大変なんだけど、まあ、しっかり智慧《ちえ》や勇気も持ってやらなきゃあ、いかんわね。

私は、まあ、あのー、君らの言うとおり、「主が到来した」と思うておる。生きてたときには分からんかったけれども、まあ、そうした日本の国力を上げる一助にはなったのかなあというふうに思ってる。

まあ、アメリカと中国は、日本を尊敬してないのかもしらんけども、ここは折伏《しゃくぶく》せにゃあいかんところやなあ。

だから、アメリカの各所に支部を出さないかんし、中国は、今後、動乱が起きてだいぶ混乱すると思うけども、頑張《がんば》って伝道をかけていかないかんと思うなあ。やっぱり、「考え方の多様性」を与《あた》えることで、選択肢《せんたくし》を増やしてやらないといかん。

日本のマスコミに関しては、非常によろしくない傾向《けいこう》が基本的にはあるなあ。「権力と戦えばええ」と思うとるけど、ちょっと勘違《かんちが》いしてるようなところがある。みんなが織田信長《おだのぶなが》みたいな人ばかりではないからなあ。うーん、ちょっと、まあ、〝獲物《えもの》〟が少ないのかなあ。

綾織　そのあたりも、しっかりと啓蒙《けいもう》をさせていただきます。

「イエスが祈《いの》っていた神」を認定《にんてい》するクリスチャン総理

大平正芳　うーん……。わしはなあ、もうちょっと大きな影響力《えいきょうりょく》を遺《のこ》したかったんだがなあ。あんまり、うーん、不十分だったなあ。

綾織　「大復活」ということでございますので、この霊言を書籍《しょせき》にして、ぜひ広げさせていただきたいと思います。

大平正芳　うーん。そうだなあ、「クリスチャン総理の大復活」かあ。ハハハハハハハ。

わしは今、イエスの僕《しもべ》じゃけども、イエスは大川隆法さんのお手伝いをしている。

まあ、そういう関係やなあ。だから、イエスがゲッセマネの園《その》で一生懸命《いっしょうけんめい》に祈《いの》ってた相手は、イエスが啓示《けいじ》を受けてた相手は、大川隆法さんだと私は思うよ。間違《まちが》いない。間違いなくそうだ。

イスラエルの長い預言者の歴史のなかに出てくる神を名乗ってる者が、全部そうかどうかは知らないけれども、少なくとも、「イエスに愛の教えを説いたのは、今、地上で『大川隆法』という名前で呼ばれている人であった」っていうことは間違いないと、私は認定《にんてい》するね。うん。

綾織　はい。キリストの弟子《でし》に負けないように、その事実を伝えてまいります。

大平正芳　だからね、まあ、自民党には、総理候補もいっぱいいるんだろうけど、「いいかげんに、分《ぶん》を知ったほうがいいよ」ということだけは申し上げておきたいな。分を知ったほうがいいよ。

綾織　はい。本日は、ありがとうございます。

小林　長時間にわたりまして、本当にありがとうございました。

大平正芳　うん、うん。じゃあ、よかったかな。

9 世界レベルの話だった「今回の霊言《れいげん》」

「日本が盟主になるべきだった」と見ている大平元首相

大川隆法　大平さんが、サービスでだいぶ話をしてくれましたので、何とかこれで本になるでしょう。

小林　これは、すごい内容だと思います。

大川隆法　政治家としては珍《めず》らしいことをたくさん言ったかもしれません。明かせない部分があったのかもしれないし、私たちの知らない部分もあるようです。やはり、歴史のなかには、まだ、いろいろと込《こ》み入った事情もあるのでしょう。

今回は、日本神道《しんとう》についての考えや、日本神道との関係について、あまり訊《き》かなかったのですが、何となく分かっていらっしゃるのでしょうか。

ただ、はっきり言えば、「ハト派であろう大平さんが、日本の先の戦争について、侵略《しんりゃく》性を否定した」と見るべきでしょう。つまり、「日本が盟主になるべきであった」と見ていて、「今、中国が遅《おく》れて盟主になろうとしているが、ろくな国や植民地にならないから、あまりよろしくない」と言っているわけです。

歴史の浅さに比して、世界に力を持ちすぎているアメリカ

大川隆法　Ｆ・ルーズベルトについては意見が少し分かれるので、はっきり分かりませんが、「イエスの考えとは反対であった」ということを証言なされました。Ｆ・ルーズベルトが、「自分を指導した神はいなかった」と言っているので、「ニーチェの弟子《でし》と違《ちが》うか」という意見まで出ましたが、これについては、今のところ、非公《ひこう》認《にん》であり、「そんな意見もあった」ということにとどめます。

ただ、歴史の浅さが、アメリカの焦《あせ》りですからね。歴史が浅いので、偉《えら》い人がとても少ないのです。ほかに調べるとしたら、もうワシントンあたりからやるしかありません。

アメリカは、その歴史の浅さに比して、世界に力を持ちすぎているのです。歴史が欲《ほ》しくなったために、モルモン教のようなものが出てきて、「実は、イエスは復活してアメリカに渡《わた》り、キリスト教をアメリカに広めていった」というような教えを説くことが必要になってきたのでしょう。

このへんの神仕組《かみしく》みの全部が分かるかどうかは分かりませんが、何だか、少し厳しいですね。

「原爆《げんばく》使用」に対する日米の宗教的立場の違《ちが》い

大川隆法　最近は、昭和天皇の戦争責任まで問われる霊人《れいじん》も出てきました（『公開霊言《れいげん》　東條英機《とうじょうひでき》、「大東亜《だいとうあ》戦争の真実」を語る』〔幸福実現党刊〕参照）。器《うつわ》がそれほどでもなかったのでしょうか。

ちなみに、ドクター・中松《なかまつ》氏は、最近の本に、「日本では、仁科《にしな》博士が原爆《げんばく》を研究していて、ハワイに落とす計画があったけれども、昭和天皇が、『非人道的な武器は使ってはならない』とおっしゃって、明確に却下《きゃっか》された。ところが、アメリカに原爆を二発落とされてしまった。自分が『絶対に使ってはならない』と言っていた武士道に反するような武器をアメリカが使ったので、昭和天皇は、急に戦意がなくなって、あっという間に降伏《こうふく》してしまった」というようなことを書いています。

これがどこまで本当かは分かりませんが、確かに原爆を研究していたようです。

また、その本によれば、昭和天皇は、「ハワイには、日本人や日系人もいるのだから、原爆を落としてはならない」と言って、その作戦を止めたらしいのです。「自分が止めた作戦を、アメリカに実行されてしまった」ということであるならば、確かにアメリカと日本の立場は、宗教的に見ると、かなり違《ちが》うのかもしれません。「昭和天皇が『使うべきでない』と判断した兵器を使ってから反省する」というのは、遅れているのかもしれません。

このへんについては大物なので、もう少し複数の視点から点検してみないと分からないところはあるでしょう。

中国は「軍国主義」でなく「新しい文化大革命」を

大川隆法　それから、中国については、習近平《しゅうきんぺい》以降まで当たりを付けないと、分からないかもしれません。「彼のあとに、何が待っているのか」をもう少し調べないと、分からないでしょう。

小林　そう思います。

大川隆法　ただ、香港《ホンコン》などが、私の言っている方向に動き始めているようではありますので、うまくいくような気はします。今後、十年の間に、何か起きそうな気がしますし、「新しい文化大革命」が起きるような気がしますので、そういう中国なら、私も仲良くできると思っています。つまり、「いろいろな価値観を共有でき、話ができる中国なら大歓迎《かんげい》であり、別に構わない」と思っているのです。

しかし、「『軍国主義ありき』で、力にものを言わせて押《お》さえ込む」というかたちの大国主義なら、やはり容認できないでしょう。「もう日本など眼中にないので、アメリカと二強時代をつくって世界を半分にする」というような傲慢《ごうまん》なことを考えているなら、それに対して、やはり厳しい批判をしなければいけないと思います。

霊言集《れいげんしゅう》を「社会現象」として肯定《こうてい》すれば国体が変わる

大川隆法　今回、やや世界レベルの話になりましたが、大平さんでも、まだ少し届かない部分があるような感じはしましたので、これから先は、もう一段、上の人たちの考えなのかもしれません。

おそらく、当会の発展度合いに合わせて、考えが出てくるので、今の段階では言えないレベルのものもあるのだと思います。

こういう本を出すことによって、今、自民党系の議員や自民党のサポーター、あるいはマスコミ関係者たちは、なし崩《くず》し的に、いろいろな情報を入れられて変化してきていると思うので、やはり、あきらめずに広げていく努力をしたほうがよいのかもしれませんね。

今まで、私は、百七十数冊の霊言集《れいげんしゅう》を出してきましたが、どこかでティッピングポイント（転換点《てんかん》）が来て、マスコミが「参った」と言って認めざるをえなくなるでしょう。「社会現象」ということであれば、マスコミは、これを扱《あつか》わざるをえなくなります。「霊言集を社会現象として肯定《こうてい》する」というかたちで認めざるをえなくなった場合には、やはり、国体が変わると思われます。

そして、「神の国・日本」になった場合は、中国などに対して、明確な対立構図が出てくるので、「そちらを変えなさい」と言うことができるのではないでしょうか。

あとは「アメリカ伝道をもう少しやらないといけない」ということですね。

小林　そうですね。

大川隆法　まだ弱すぎます。もっともっとやらないと駄目《だめ》でしょう。幸福の科学出版の社長は、発展途上《とじょう》国が好きなので（笑）、小さい国ばかりで頑《がん》張《ば》っているようですが、もう少しアメリカも攻《せ》めないと駄目ですね。

大平さんとしては、いっぱいいいっぱいというか、本人の限度を超《こ》えてサービスしてくれたかもしれません。

今度の四国での説法《せっぽう》のときに、私に入って「ああ、うう」と言わされるよりはよいだろうと思って収録しました。早めに霊言をしなかったために、四国で「ああ、うう」「ああ、うう」と言われたら、困りますからね（笑）。

小林・綾織　ありがとうございました。

あとがき

私の実父・故《こ》・善川三朗《よしかわさぶろう》は、高級霊たちに、『新約聖書』の二番目に出てくる「マルコによる福音書」を書いたマルコの生まれ変わりだと、生前、伝えられていた。

マルコ伝は、

「神の子イエス・キリストの福音のはじめ。

預言者イザヤの書に、

『見よ、わたしは使《つかい》をあなたの先につかわし、

あなたの道を整えさせるであろう。

荒野《あらの》で呼《よ》ばわる者の声がする、

『主の道を備えよ、
その道筋をまっすぐにせよ』
と書いてあるように、バプテスマのヨハネが荒野に現れて、
罪のゆるしを得させる悔改《くいあらた》めのバプテスマを宣《の》べ伝えていた。』」
から書き起こしている。大平元首相も、バプテスマのヨハネの如《ごと》く、大川隆法の
出現とその使命を預言した。
すべての日本人よ、「主《しゅ》の道を整える」がよい。

二〇一三年　六月二十六日

主《しゅ》　大川隆法《おおかわりゅうほう》

『大平正芳の大復活』大川隆法著作関連書籍

『黄金の法』（幸福の科学出版刊）
『幸福の原理』（同右）
『スピリチュアル政治学要論』（同右）
『中曽根康弘元総理・最後のご奉公』（幸福実現党刊）
『篠原一東大名誉教授「市民の政治学」その後』（同右）
『原爆投下は人類への罪か？』（同右）
『公開霊言　東條英機、「大東亜戦争の真実」を語る』（同右）

大平正芳《おおひらまさよし》の大復活《だいふっかつ》
──クリスチャン総理の緊急メッセージ──

2013年7月3日　初版第1刷

著　者　大《おお》川《かわ》隆《りゅう》法《ほう》

発　行　幸福実現党
〒107-0052　東京都港区赤坂2丁目10番8号
TEL(03)6441-0754

発　売　幸福の科学出版株式会社
〒107-0052　東京都港区赤坂2丁目10番14号
TEL(03)5573-7700
http://www.irhpress.co.jp/

印刷・製本　株式会社 堀内印刷所

落丁・乱丁本はおとりかえいたします
©Ryuho Okawa 2013. Printed in Japan. 検印省略
ISBN978-4-86395-353-6 C0030
写真：Fujifotos／アフロ

大川隆法 霊言シリーズ・正しい歴史認識を求めて

中曽根康弘元総理・最後のご奉公

日本かくあるべし

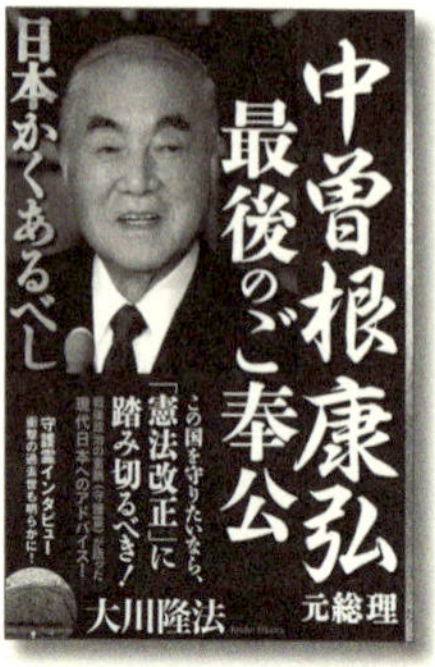

「自主憲法制定」を党是としながら、選挙が近づくと弱腰になる自民党。「自民党最高顧問」の目に映る、安倍政権の限界と、日本のあるべき姿とは。

【幸福実現党刊】

1,400円

原爆投下は人類への罪か?

公開霊言 トルーマン & F・ルーズベルトの新証言

なぜ、終戦間際に、アメリカは日本に2度も原爆を落としたのか?「憲法改正」を語る上で避けては通れない難題に「公開霊言」が挑む。

【幸福実現党刊】

1,400円

公開霊言 東條英機、「大東亜戦争の真実」を語る

戦争責任、靖国参拝、憲法改正……。他国からの不当な内政干渉にモノ言えぬ日本。正しい歴史認識を求めて、東條英機が先の大戦の真相を語る。

【幸福実現党刊】

1,400円

※表示価格は本体価格(税別)です。

大川隆法 霊言シリーズ・日本の自虐史観を正す

神に誓って「従軍慰安婦」は実在したか

いまこそ、「歴史認識」というウソの連鎖を断つ! 元従軍慰安婦を名乗る2人の守護霊インタビューを刊行! 慰安婦問題に隠された驚くべき陰謀とは!?

【幸福実現党刊】

1,400円

本多勝一の守護霊インタビュー

朝日の「良心」か、それとも「独善」か

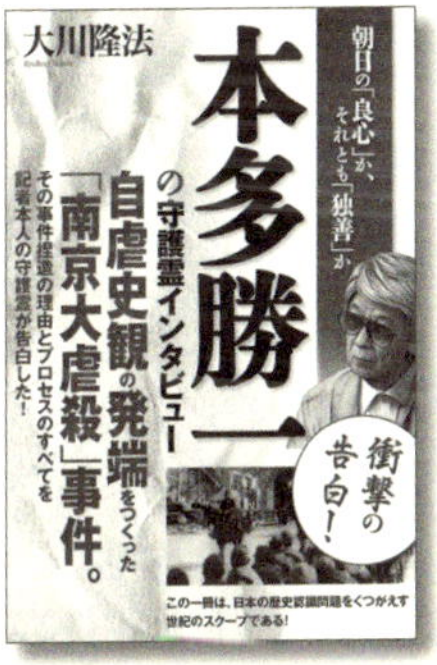

「南京事件」は創作!「従軍慰安婦」は演出! 歪められた歴史認識の問題の真相に迫る。自虐史観の発端をつくった本人(守護霊)が赤裸々に告白!

【幸福実現党刊】

1,400円

従軍慰安婦問題と南京大虐殺は本当か?

左翼の源流 vs. E.ケイシー・リーディング

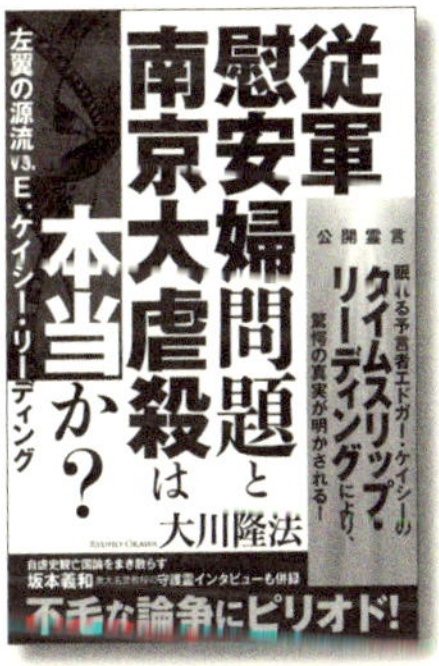

「従軍慰安婦問題」も「南京事件」も中国や韓国の捏造だった! 日本の自虐史観や反日主義の論拠が崩れる、驚愕の史実が明かされる。

1,400円

大川隆法 霊言シリーズ・政治学者シリーズ

篠原一東大名誉教授「市民の政治学」その後

幸福実現党の時代は来るか

リベラル派の政治家やマスコミの学問的支柱となった東大名誉教授。その守護霊が戦後政治を総括し、さらに幸福実現党への期待を語った。

【幸福実現党刊】

1,400円

スピリチュアル政治学要論

佐藤誠三郎・元東大政治学教授の霊界指南

憲法九条改正に議論の余地はない。生前、中曽根内閣のブレーンをつとめた佐藤元東大教授が、危機的状況にある現代日本政治にメッセージ。

1,400円

憲法改正への異次元発想

憲法学者NOW・芦部信喜 元東大教授の霊言

憲法九条改正、天皇制、政教分離、そして靖国問題……。参院選最大の争点「憲法改正」について、憲法学の権威が、天上界から現在の見解を語る。

【幸福実現党刊】

1,400円

※表示価格は本体価格（税別）です。

大川隆法霊言シリーズ・マスコミの本音を直撃

筑紫哲也の大回心

天国からの緊急メッセージ

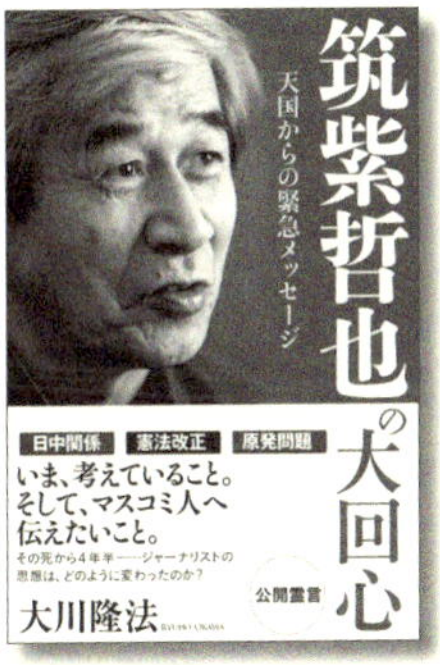

筑紫哲也氏は、死後、あの世で大回心を遂げていた!? TBSで活躍した人気キャスターが、いま、マスコミ人の良心にかけて訴える。
【幸福実現党刊】

1,400円

田原総一朗守護霊 VS. 幸福実現党ホープ

バトルか、それともチャレンジか？

未来の政治家をめざす候補者たちが、マスコミ界のグランド・マスターと真剣勝負！ マスコミの「隠された本心」も明らかに。
【幸福実現党刊】

ダイジェストDVD付

1,800円

バーチャル本音対決

TV朝日・古舘伊知郎守護霊 VS. 幸福実現党党首・矢内筆勝

なぜマスコミは「憲法改正」反対を唱えるのか。人気キャスター 古舘氏守護霊と幸福実現党党首 矢内が、目前に迫った参院選の争点を徹底討論！
【幸福実現党刊】

ダイジェストDVD付

1,800円

大川隆法 霊言シリーズ・北朝鮮情勢を読む

守護霊インタビュー 金正恩の本心直撃！

ミサイルの発射の時期から、日米中韓への軍事戦略、中国人民解放軍との関係——。北朝鮮指導者の狙いがついに明らかになる。
【幸福実現党刊】

1,400円

長谷川慶太郎の守護霊メッセージ
緊迫する北朝鮮情勢を読む

軍事評論家・長谷川氏の守護霊が、無謀な挑発を繰り返す金正恩の胸の内を探ると同時に、アメリカ・中国・韓国・日本の動きを予測する。

1,300円

北朝鮮の未来透視に挑戦する
エドガー・ケイシー リーディング

「第2次朝鮮戦争」勃発か!? 核保有国となった北朝鮮と、その挑発に乗った韓国が激突。地獄に堕ちた"建国の父"金日成の霊言も同時収録。

1,400円

※表示価格は本体価格（税別）です。

大川隆法霊言シリーズ・中国の今後を占う

中国と習近平に未来はあるか

反日デモの謎を解く

「反日デモ」も、「反原発・沖縄基地問題」も中国が仕組んだ日本占領への布石だった。緊迫する日中関係の未来を習近平氏守護霊に問う。【幸福実現党刊】

1,400円

周恩来の予言

新中華帝国の隠れたる神

北朝鮮のミサイル問題の背後には、中国の思惑があった！ 現代中国を霊界から指導する周恩来が語った、戦慄の世界覇権戦略とは⁉

1,400円

小室直樹の大予言

2015年 中華帝国の崩壊

世界征服か？ 内部崩壊か？ 孤高の国際政治学者・小室直樹が、習近平氏の国家戦略と中国の矛盾を分析。日本に国防の秘策を授ける。

1,400円

幸福の科学出版

大川隆法 ベストセラーズ・**希望の未来を切り拓く**

未来の法

新たなる地球世紀へ

暗い世相に負けるな! 悲観的な自己像に縛られるな! 心に眠る無限のパワーに目覚めよ! 人類の未来を拓く鍵は、一人ひとりの心のなかにある。

2,000円

Power to the Future

未来に力を

英語説法集
日本語訳付き

予断を許さない日本の国防危機。混迷を極める世界情勢の行方——。ワールド・ティーチャーが英語で語った、この国と世界の進むべき道とは。

1,400円

日本の誇りを取り戻す

国師・大川隆法 街頭演説集 2012

2012年、国論を変えた国師の獅子吼。外交危機、エネルギー問題、経済政策……。すべての打開策を示してきた街頭演説が、ついにDVDブック化!

【幸福実現党刊】

街頭演説
DVD付

2,000円

幸福の科学出版　　※表示価格は本体価格(税別)です。

幸福実現党
THE HAPPINESS REALIZATION PARTY

党員大募集！

あなたも 幸福実現党 の党員になりませんか。

未来を創る「幸福実現党」を支え、ともに行動する仲間になろう！

党員になると

○幸福実現党の理念と綱領、政策に賛同する 18 歳以上の方なら、どなたでもなることができます。党費は、一人年間 5,000 円です。
○資格期間は、党費を入金された日から 1 年間です。
○党員には、幸福実現党の機関紙が送付されます。

申し込み書は、下記、幸福実現党公式サイトでダウンロードできます。
幸福実現党 本部　〒107-0052 東京都港区赤坂 2-10-8　TEL03-6441-0754　FAX03-6441-0764

幸福実現党公式サイト

・幸福実現党のメールマガジン“HRP ニュースファイル”や“Happiness Letter”の登録ができます。

・動画で見る幸福実現党ー
幸福実現ＴＶの紹介、党役員のブログの紹介も！

・幸福実現党の最新情報や、政策が詳しくわかります！

http://www.hr-party.jp/
もしくは 幸福実現党 検索

幸福実現党

国政選挙 候補者募集！

幸福実現党では衆議院議員選挙、
ならびに参議院議員選挙の候補者を公募します。
次代の日本のリーダーとなる、
熱意あふれる皆様の
応募をお待ちしております。

応募資格	日本国籍で、当該選挙時に被選挙権を有する幸福実現党党員 （投票日時点で衆院選は満25歳以上、参院選は満30歳以上）
公募受付期間	随時募集
提出書類	① 履歴書、職務経歴書（写真貼付） ※希望する選挙、ならびに選挙区名を明記のこと ② 論文：テーマ「私の志」（文字数は問わず）
提出方法	上記書類を党本部までＦＡＸの後、郵送ください。

幸福実現党本部
〒107-0052　東京都港区赤坂 2-10-8
TEL 03-6441-0754　FAX 03-6441-0764